Kompaß-Bücherei · Band 377

Costas träumt seinen Traum von der fernen Insel, wo er mit Helena ganz allein lebt, wo es warm ist, wo kein Bürgerkrieg und kein Tod sie bedrohen. Er will mit ihr fliehen, fort aus dieser schrecklichen Höhle, in der sie sich versteckt halten müssen. Viele Kameraden starben schon an den Entbehrungen und der Kälte. Der Winter des Jahres 1948 ist hart in den Bergen Griechenlands.
Helena ist schwerkrank und sehnt sich nach jener Trauminsel ihres Liebsten – doch fliehen von hier, Tadschidis, ihren Kommandeur, und die anderen einfach verlassen? Wie würden sie, wie würde er von ihr enttäuscht sein.

Brigitte Reimann

Kinder von Hellas

Verlag Neues Leben Berlin

Nachbemerkungen von Heide Hampel

Illustrationen
von Werner Ruhner

ISBN 3-355-00957-1

Lizenz Nr. 303 (305/142/89)
LSV 7501
Umschlag: Werner Ruhner
Typografie: Ingrid Engmann
Schrift: 9 p Timeless
Gesamtherstellung: GG Völkerfreundschaft Dresden
Bestell-Nr. 644 738 5
00180

Der Helena Ziplakis,
die im Sommer 1955, dreiundzwanzig Jahre alt, nach sieben-jähriger Kerkerhaft in Griechenland ermordet wurde.

ERSTER TEIL

Im Frühling des Jahres 1947 ließ sich in Alexandrupolis, einer kleinen Hafenstadt am Ägäischen Meer, ein alter Bauer namens Tanassis Zachanidis nieder, der, wie es hieß, aus Saloniki stammte. Er pachtete ein Gehöft vor der Stadt und Stallungen für eine beträchtliche Anzahl Schafe, deren Wolle er zweimal im Jahr an Großhändler in der Stadt verkaufte. Von dem geringen Erlös, den er hieraus schlug, lebte er recht und schlecht mit seiner Frau Maria und seinen Kindern, zwei Söhnen und einer Tochter.

Der alte Zachanidis war sehr fromm: Jeden Sonntag besuchte er die Kirche, meist begleitet von seiner Frau, einer Albanierin, die nur sehr wenig Griechisch sprach, oder von seiner Tochter Helena, die zur Zeit seiner Übersiedlung nach Alexandrupolis dreizehn Jahre zählen mochte.

Seine Söhne – der Älteste, gleich dem Vater Tanassis genannt, war Mitte der Zwanzig; der Jüngere, Nikos, eben mündig geworden – bekamen die Nachbarn nur selten zu Gesicht; die jungen Männer verbrachten den größten Teil des Jahres auf dem Hof vor der Stadt. Gerade diese Zurückgezogenheit, in der zwei junge Leute lebten, die es doch nach den mannigfachen Zerstreuungen einer Stadt gelüsten mußte, gab Anlaß zu allerlei einander widersprechenden Vermutungen; man munkelte, sie seien 1946 am Aufstand gegen die Engländer beteiligt gewesen, ja man sprach davon, daß die Polizei des Königs die Söhne des alten Zachanidis überwachen lasse.

Aus dem Bauern war nichts herauszuholen über die Gründe, die ihn bewogen hatten, seine Heimatstadt Saloniki zu verlassen; er zeigte sich abhold jedem Gespräch über Politik und kümmerte sich um nichts als um seine Felder und seine Herde. Auch von seiner Frau, einem verschüchterten, ausgetrockneten, vorzeitig gealterten Geschöpf, konnten neugierige Nachbarn nichts erfahren. Ängstlich wich sie jeder Begegnung aus, und wurde sie wirklich einmal gestellt, so rettete sie sich in eine wirre Flut albanischer Worte, noch geringere Kenntnis des Griechischen vortäuschend, als sie in Wahrheit besaß.
So gab man endlich jeden Versuch auf, Herkunft und Verhältnisse der Zachanidis zu erforschen, und die Familie lebte unbehelligt in Alexandrupolis bis zum Jahre 1948, bis zu der Zeit also, da die so lange unterdrückte Bewegung der freiheitlich gesinnten Griechen zu offenem Widerstand gegen den Monarchen entflammte und Tausende von ihnen als Partisanen in die Berge gingen. Amerikanische Offiziere saßen als Beobachter in den Stäben der faschistischen Armee; Mörderbanden durchstreiften das Land, sie nannten sich Polizei, und das Volk haßte und fürchtete die Schergen des Königs. Sie setzten die Häuser der Partisanen in Brand, und sie folterten und erschlugen die Frauen und Kinder derer, die Übelwollende als heimliche Anhänger der Kommunistischen Partei denunzierten.

Alle diese sich überstürzenden Ereignisse ließen die Familie Zachanidis scheinbar unberührt. Die Söhne arbeiteten nach wie vor auf dem Hofe – freilich erschienen sie jetzt häufiger, gewöhnlich nach Einbruch der Dunkelheit, in der Stadt.
Tanassis, verschlossener, finsterer noch als sonst, verriet mit keiner Silbe, was ihn zu so später Stunde nach Alexandrupolis trieb, indes Nikos, der Junge, Leichtlebige, durch seine plötzlich erwachte Eitelkeit, die sich in leuchtend bunten Halstüchern und bestickten Kappen widerspiegelte, das Ziel seiner nächtlichen Wege ahnen ließ.

Die Schwester Helena, mit Furcht und Neugierde die Vorgänge in der Stadt verfolgend, fand jetzt manches Mal, wenn sie zum Gehöft hinauskam, die Brüder müßig am Feldrain sitzend, versunken in Nachdenken oder, häufiger noch, verstrickt in heftige Streitigkeiten, die sie rasch abbrachen, sobald sie des Mädchens ansichtig wurden. Helena kränkte dieser Mangel an Vertrauen, vor allem von seiten des Nikos, den sie schwärmerisch liebte, und da ihre vorsichtigen Fragen bei den Eltern auf verbissenes Schweigen stießen, so ahnte sie nur dumpf die Ursachen für die wachsende Verstimmung der Brüder und die ständigen Auseinandersetzungen zwischen ihnen.

Eines Tages aber, als sie eben von den Feldern heimkehrte, widerfuhr ihr etwas, das erhellte wie ein Blitzstrahl das Dunkel ihrer Ratlosigkeit.

Das Mädchen ging im Schatten der Häuser, deren kalkige Wände, bis in den letzten Stein vollgesogen mit Sonne, schwindelerregende Glut ausstrahlten. Es war sehr still in den Straßen, wer irgend konnte, hatte sich zurückgezogen in die kühlen Keller; ein paar Kinder, schmutzig und halbnackt, spielten auf den Treppenstufen mit Tonkugeln.

Die Straße rundete sich zum Marktplatz; über dem marmornen Brunnenbecken kauerte ein Bronzelöwe, schwärzlich vom Alter, aus dessen Rachen rannen wie Speichelfäden zwei magere Wasserstrahlen. Das Mädchen verspürte Durst.

Zwei Frauen kamen über den Marktplatz, schwatzend; eine lachte.

Helena trankt aus der hohlen Hand, das Wasser schmeckte fade und lauwarm.

Zwei Frauenstimmen schrillten auf, gleichzeitig. Helena fuhr empor; da flüchteten die Frauen schon in die schmale Schlucht eines Gäßchens, ihre Holzsandalen klapperten auf dem Pflaster.

Das Mädchen stand versteint, es hatte nun auch die drei

Soldaten erblickt, die quer über den Marktplatz schwankten, auf den Brunnen zu. Der Mann in der Mitte trug wie eine Fahne hoch erhoben sein Gewehr, von dessen Bajonett herab grinste mit bleckenden Zähnen ein fahler Kopf mit geschlossenen Augen. Ein Frauenkopf: Langes dunkles Haar zottelte um den Schaft des Gewehrs.
Helena riß das Kopftuch über die Augen.
Einer der Männer schrie ein unflätiges Schimpfwort herüber, die anderen wieherten.
Das Mädchen stieß sich vom Brunnen ab und schnellte vorwärts, rannte in die nächste Gasse; der leinene Rock schlug um ihre Beine, sie betete: Herrgott, mach, daß sie nicht schießen ...!
Ein Schuß bellte, zweifach zurückgeworfen hallte er wider an den Häuserwänden. Helena stolperte ein paar Stufen hinauf, stieß eine Tür auf und drückte sich in einem fremden, stickigen Flur an die Wand, beide Hände über die Augen gepreßt wie ein Kind, das sich ungesehen wähnt, wenn es selbst nichts sehen kann.
Totenstill blieb es in der Straße. Die Trunkenen waren weitergetorkelt: Es gab genug Huren in Alexandrupolis – da lohnte es nicht, einer so dünnen Kröte nachzulaufen, in das Gewirr fremder Gassen, hinter deren Fenstern feindselige Augen lauerten.
Helena lehnte wie angeklebt an der fremden Wand; ganz langsam löste sich die Spannung, ihr flatternder Herzschlag ward ruhiger, sie wunderte sich nun fast über ihr Erschrecken – daß es noch immer Dinge gab, die einem das Grauen wie Fieberschauer über den Rücken jagten ...
War doch die Stadt, seit die Faschisten das große Wort führten, an wüste Szenen gewöhnt; man hob ja kaum noch den Kopf, wenn draußen Kommandorufe hallten und Schüsse fielen – und man wußte doch, daß in dieser Minute wieder Menschen starben, vielleicht drei, vielleicht zehn, vielleicht zwanzig, öffentlich hingerichtet als abschreckendes Beispiel, weil sie der Verbindung mit Partisanen oder Kommunisten verdächtig gewesen.

Helena löste sich mit Anstrengung von der Wand, sie öffnete vorsichtig die Tür und lief, sich dicht an den Häuserwänden haltend, mit raschen, kleinen Schritten die Straße hinab.
An der Ecke erst spähte sie über die Schulter zurück. Niemand verfolgte sie, aber sie dachte plötzlich, es sei doch nicht recht von den Brüdern, daß sie sich nicht längst entschlossen hätten, in die Berge zu gehen. Sie schämte sich ihres bitteren Gedankens, aber es mischte sich darein auch Scham für die Brüder: Die kannten sie doch auch – diese bleichen Köpfe mit geschlossenen Augen und blekkenden Zähnen; wie konnten sie da noch einen Pflug führen und in einem Bett schlafen und zu Hause die Füße unter den Tisch strecken, essen, wie andere aßen, träumen, wie andere träumten?
Ein Mädchen, zwanzigjährig vielleicht, huschte vor Helena über den Damm und verschwand hinter einer Tür. Helena stutzte – dieses Gesicht kam ihr bekannt vor, ein rundes, frisches Gesicht, umkraust von hellbraunen Lokken. Mit einem Male dann, sie war schon fast zu Hause, entsann sie sich: Mit diesem Mädchen Arm in Arm hatte sie Nikos gesehen, vor einer Woche erst, in der Dämmerung ... War es möglich, daß er deshalb in der Stadt blieb?
Nun stand Helena vor dem Haus der Eltern, sie drückte die Klinke nieder, in den letzten Winkel ihres Hirns verwies sie den flüchtigen Gedanken an jenes fremde Mädchen, mit dem Nikos durch die Dämmerung gegangen war – es sollte kein Schatten auf das Bild des Bruders fallen, darum durfte sie ihn nicht der Lauheit zeihen.
Dennoch: Zweifel und erste Erkenntnis hatten sich mit Widerhaken in ihr Denken gebohrt; am Abend stellte sie Tanassis.
Er lehnte am Herd, ein großer, hagerer Mann; ein schwarzer Bart umrahmte das mürrische Gesicht, aus dem knochig die wie ein Geierschnabel gebogene Nase vorsprang; düsteres Glimmen der eulenhaft runden Augen nahm seinen Zügen den letzten Schmelz der Jugend, der sie hätte

anziehend machen können.
Als Helena aufmerksam den Bruder betrachtete, der, die Arme über der Brust verschränkt, blicklos in die Herdflamme stierte, merkte sie zum ersten Male, daß Tanassis häßlich war; sie dachte: Da sitzt er nun und sagt nichts und tut nichts, und heute nachmittag haben sie auf mich geschossen. Wenn sie mich getroffen hätten, wenn ich tot wäre, würde er genauso sitzen, nichts sagen, nichts tun …?
Sie fragte, herausfordernd, feindselig fast: „Warum gehst du eigentlich nicht in die Berge – zu den anderen?"
Tanassis zuckte auf mit jäh verwandeltem Gesicht, er hob die Hand gegen die Schwester, die wich nicht zurück, sie sagte: „Damals in Saloniki –"
„Was weißt du von Saloniki?"
„Ich bin doch kein kleines Kind mehr! Damals habt ihr gekämpft, du und Nikos …"
Er zog die Schwester dicht zu sich heran. „Kein Wort von Saloniki! Das kann uns Kopf und Kragen kosten, hörst du?"
Sie sah ihn unverwandt an.
Er murmelte: „Du mußt das verstehen, Helena; Vater ist alt, wir können nicht so einfach fortgehen – der Hof –"
Er hielt ihrem Blick nicht stand. Grob stieß er sie zurück, sprang auf. „Das geht dich gar nichts an, dir bin ich keine Rechenschaft schuldig!"
Sie hätte ihm jetzt erzählen mögen: Drei betrunkene Soldaten; auf blutüberkrustetem Bajonett ein Frauenkopf; jenes unflätige Schimpfwort; ein Schuß, der ihr gegolten … Sie schwieg – so elend war das Gesicht des Bruders unter der fadenscheinigen Maske geheuchelter Wut.
Als die Tür hinter Tanassis krachend ins Schloß fiel, wußte Helena mit solcher Bestimmtheit um seine Gedanken, als habe er stundenlang mit ihr über das gesprochen, was ihn in diesen letzten Wochen aufwühlte.
Zwei Tage lang bekam sie ihn nicht zu Gesicht.
Am dritten Tage, gegen Mittag, stand er plötzlich auf der Schwelle: Seine Stirn glänzte von Schweiß, seine Stimme

flatterte, als er die Schwester aus dem Zimmer wies.
Sie ging schweigend; sie war so gekränkt, daß sie nicht einmal hinter der Tür zu lauschen versuchte.
Der Vater rief nach ihr. Nach geraumer Zeit ließ sie sich herbei, zu kommen. Sie sah die geröteten Augen der Mutter und sah, wie der Vater die Hände um eine Stuhllehne krampfte, das Zittern seiner Finger zu verbergen.
Tanassis befahl ihr, sofort zum Hof zu laufen und Nikos zu holen – „aber er soll hintenherum kommen, durch das Hafenviertel!“
Helena fragte nicht; sie drückte die Daumen in die Handflächen und lief. Die Angst um Nikos hockte ihr im Nakken und beflügelte ihre Schritte.
Sie lief, als gälte es ihr eigenes Leben, und sie kam doch zu spät: Das Gehöft brannte mit steiler, ganz klarer Flamme, die kaum sichtbar ward gegen den hitzeflimmernden Himmel. Die Stalltür hing nur noch in einer Angel, drinnen war kein Laut, ganz schwach wehte Tierdunst aus dem Dunkel – die Schafe waren weggetrieben worden und die zwei Ochsen; Gott mochte wissen, wie die Zachanidis jetzt ihre Felder bestellen sollten.
Das Mädchen fand den Bruder im Melonenfeld. Er lag mit ausgebreiteten Armen, das Gesicht in den Boden gedrückt, und seine schwarzen Haare klebten von geronnenem Blut.
Helena stieg über das Gewirr der tiefgrünen Ranken, ihre nackten Füße glitten aus im klebrigen Saft der zertretenen reifen Früchte; nächste Woche hätten sie ernten können – nun lag der Bruder tot und das Feld verwüstet.
Helena drehte den Toten um, sie sah in sein schmutzverkrustetes Gesicht. Weit offen standen darin die dunklen Augen, der Mund war verzerrt wie erstarrt im letzten Schrei. „Nikos ...“, flüsterte das Mädchen.
Ein Raubvogel fiel mit schrillem Ruf aus dem hohen Himmel, dumpf rauschten seine Schwingen, als er sich dicht über dem Boden fing und wieder emporschwang.
Der Körper des Toten war sehr schwer. Sanft ließ Helena ihn zurückgleiten, sie weinte nicht, mit einem Male war

ihr, als habe sie seit langem schon gewußt, daß dies eines Tages geschehen würde.
Nun hatten sie Nikos erschlagen, ihren jungen, heiteren, zärtlichen Nikos, den sie geliebt hatte wie keinen anderen Menschen auf der Welt ...
Das Mädchen erhob sich, ging mit steifen Knien zum Feldrain, ohne einen Blick auf den Erschlagenen zurückzuwerfen. Das schwarze Gerippe der Dachsparren neigte sich, verkohlte Balken brachen in die aufprasselnde Glut nieder. Das Mädchen wurde mit einem Regen grauer Ascheflocken überschüttet.
Langsam ging Helena zur Stadt zurück.
Sie hätte plötzlich umkehren mögen: Da lag Nikos so allein zwischen den grünen Melonen, vielleicht kamen jetzt schon die Raubvögel, und zu Hause warteten Tanassis und die Eltern.
Auf einem Hügel, kahl und staubtrocken im warmen Wind, verhielt Helena ihren Schritt. Sie hatte oft hier gesessen mit Nikos, man konnte von dieser kleinen Erhöhung fast ganz Alexandrupolis überblicken, man konnte über den Ewros hinweg bis zur Türkei schauen. Sie waren manchmal über den Grenzfluß geschwommen und hatten türkische Melonen gestohlen, nur so zum Spaß, die schmeckten nicht besser als die eigenen, aber das Abenteuer hatte sie gelockt: der nachtdunkle Strom, kitzelnde Angst vor den türkischen Feldhütern – und der Triumph, wenn sie, die Früchte in ein Tuch verknotet, zurückschwammen, in gellendes Geschrei ausbrechend, kaum hatten sie das griechische Ufer berührt.
Helena überschattete die Augen mit der flachen Hand: Da lag still unter der Glut des hohen Sommers die Stadt; im Sonnenglast zitterten die Blätter der säulenschlanken Silberpappeln, die Häuser schimmerten gleich weißen Würfeln im Rund um den Hafen. Reglos lag das Meer, ein riesiges blaues Seidentuch, hingebreitet bis an den Rand der Welt.
Dem Mädchen zog sich das Herz zusammen bei dem Gedanken daran, wie Nikos hier neben ihr gesessen hatte,

die heiteren braunen Augen zusammengekniffen; wie er ihr beteuert hatte, Alexandrupolis sei die schönste Stadt der Welt – schöner gewiß als das laute, geschäftige Saloniki, an das sich die kleine Schwester nicht mehr recht erinnern konnte.
Aber gleichzeitig dachte sie auch daran, daß in einem dieser weißen Häuser dort unten jener Mensch saß, der den Bruder verraten hatte: Seht, der junge Zachanidis war auch Partisan, er war am Aufstand gegen die Engländer beteiligt – 1946, ihr erinnert euch –, wer weiß wie viele er auf dem Gewissen hat ... Ein gefährlicher Bursche, der junge Zachanidis; er soll mit Kommunisten Verbindung haben, und auf die Waffen versteht er sich wie nur einer.
Und irgendwo, vielleicht im Nachbarhaus der Eltern, lauerte einer, der schon um den Tod des Nikos wußte und sein Sterben mitangesehen hatte, kalten Herzens ...

Die Tür drehte sich so schwer in den Angeln, die drei Menschen sahen auf, sie lasen Helena die Worte von den Lippen, und sie wußten schon besser, bevor das Mädchen es ausgesprochen hatte; daß Nikos beim Hof draußen liege, daß der Hof brenne und daß die Truppe das Vieh mitgenommen habe.
Der alte Vater hatte sich abgewandt, die Mutter Maria weinte, das Gesicht in den Händen vergraben.
Stumm saß Tanassis, maskenstarr das hagere, häßliche Gesicht. Helena flüsterte: „Warum seid ihr nicht schon längst gegangen?“
Der Bruder wandte ihr den Kopf mit einer ganz müden Bewegung zu, da sagte sie laut und mit jener bedenkenlosen Unbarmherzigkeit, deren nur sehr junge Menschen fähig sind: „Aber Nikos hatte ja ein Mädchen in der Stadt –“
Sie verstummte, rot vor Scham: Das Kinn des Bruders begann zu zittern wie bei einem Kinde, das mit den Tränen kämpft.
Am Abend begruben sie den Jungen vor der Stadt.

Die Mutter hatte sein Gesicht abgewaschen; es war nicht schön und friedlich, wie die Menschen es sich für ihre Toten wünschen – es war wachsgelb und schmerzzerrissen, und die Mutter weinte.
Helena fürchtete sich nicht. Sie beugte sich über den Bruder und küßte sein zerschundenes Gesicht, und ihr strahlend schwarzes Haar fiel über seine bleiche Stirn.
Sie senkten den Jungen in die flache Grube, die Tanassis geschaufelt hatte.
Der Mond rollte über den Olivenhain, sein rötliches Licht ertrank im tiefschwarzen Schatten des dichten Gezweigs. Weit fort funkelten stumm und kalt die Sterne; vom Hafen herauf blinkten die Lichter ankernder Schiffe, es war, als setze sich der Himmel im Meer fort.
Ein Nachtvogel strich mit klagendem Schrei über den Hain. Der Vater murmelte ein Gebet, er war gottesfürchtig und sehr alt, und nur ihm zuliebe falteten die anderen die Hände.
Dumpf polterten die trockenen Erdschollen auf den rohen Sarg.
Helena biß sich auf die Lippen, ihre Augen brannten von den vielen Tränen, die sie nicht hatte weinen dürfen heute und in den vergangenen Jahren. Das Herz lastete wie ein Stein in ihrer Brust, es hätte ihr gutgetan, jetzt laut hinausschreien zu dürfen, denn sie war fünfzehn Jahre alt und mehr Kind als Frau.
Dann saßen sie neben dem frischen Hügel, schweigend, allmählich nur begreifend, daß diese drei Fuß Erde wirklich die Grenze waren zwischen ihnen und dem Toten.
Endlich sagte Tanassis: „Wir hätten mit den anderen in die Berge gehen sollen. Das verfluchte Zögern –", als habe sich aus seinem wochenlangen Grübeln in dieser Minute erst der erlösende Satz kristallisiert.
„Aber die Felder –", wandte der Alte ein.
„Die Felder, immer die Felder. Was hat das schon genützt? Wir haben immer nur an uns gedacht, darum haben sie heute Nikos erwischt, und morgen bin ich dran. Andere sind doch auch zu den Partisanen gegangen – die

haben gewußt, daß es jetzt Wichtigeres gibt als Felder und Vieh –"
„Aber du kannst uns doch nicht allein lassen. Gerade jetzt kannst du uns nicht allein lassen." Die Mutter legte ihre Hand dem Sohn auf die Schulter, und der spürte das Zittern dieser Hand bis in die Brust hinein. Dennoch, mit heftiger Gebärde, rief er: „Ich bin jung, ich bin stark und gesund, ich will nicht zu Hause hocken und auf das Ende warten und andere für mich und für euch sterben lassen! Heute war es die Polizei des Königs, morgen werden es die Amerikaner sein; sie werden kommen und uns das Letzte nehmen, sie werden mich erschlagen, wie sie Nikos erschlagen haben. Ich kann und kann es nicht länger ertragen – dieses Warten, diese Untätigkeit, dieses Schuldgefühl gegenüber den anderen, die sich längst entschieden haben –"
Helena hockte, die Ellenbogen auf die Knie gestemmt, und lauschte auf den zärtlichen Nachtwind, der Wellen süßen Duftes von den blühenden Orangebäumen herübertrug und den schweren, betäubenden Geruch überreifer Früchte. Diese warmen, bewegten Nächte konnte es nur hier geben, an der Meeresküste, und es mußte sehr schwer sein, fortzugehen mit der nagenden Ungewißheit, ob man dies alles jemals wiedersehen durfte. Aber Nikos hatte auch gehen müssen, und wie hatten seine schmalen braunen Jungenhände sich mit ihrer ganzen zähen Kraft in den Boden verkrallt, mit der Erde zugleich das verrinnende Leben festzuhalten ...
„Meinst du, daß sie so einfach jeden nehmen werden, der sich meldet?" fragte Helena.
„Wenn man über fünfzehn ist, darf man sich einschreiben."
„Ich bin schon fünfzehn", sagte leise, wie für sich, die Schwester.
Tanassis richtete den Blick auf sie: Das knabenhaft kühne Gesicht mit den hochgeschwungenen Brauen schien im matten Licht schöner noch als bei Tage, und in ihren Augen glomm schon ein Funke jener Glut, die den

Bruder verzehrte.
Er erwiderte gedankenlos: „Ja, du bist schon fünfzehn", und hatte dabei über der jäh ihn ergreifenden Erkenntnis, wie schön die kleine Schwester in den letzten Jahren geworden war, die Bitte vergessen, die in ihren Worten mitschwang.
Das Mädchen sagte, dringlicher nun, bestimmt: „Sie würden mich nehmen, glaube ich."
Da erst begriff der Vater, begriff die Mutter; ihr „Nein" klang zusammen wie von einem Munde gesprochen, so erschrocken, so voller Angst, daß das Mädchen verstummte.
Ein tiefes Schweigen war.
... Helena steigt wieder über die wirren Ranken und zertretenen Melonen, da liegt Nikos mit ausgebreiteten Armen wie ans Kreuz geschlagen, das Gesicht in den Boden gedrückt, sein Haar ist verkrustet von Blut. Das Gehöft brennt mit steiler, ganz durchsichtiger Flamme. Irgendwo, weit fort schon, ziehen grölend die Mörder, und ihren Weg säumen die Leichen gefolterter und erhenkter Griechen. Der junge Mund des Nikos – wie konnte er lachen, wie konnte er singen! – klafft weit im letzten Schrei. Sie hört seinen Schrei, sie hört sein „Hilf, Helena!" – es übertönt die Stimmen der Nacht und übertönt das „Nein" der Alten an ihrer Seite ...
Helena erhob sich, sie ragte, kaum mittelgroß, schmal und ziervoll im unsicher bläulichen Licht, sie sagte fest: „Ich gehe mit, Tanassis", und sie sagte es so, daß es keinen Widerspruch geben durfte. Sie erwartete auch keinen Widerspruch mehr.
Auf dem Heimweg sagte der Vater unvermittelt: „Mit den Friedfertigen ist Gott", und schwieg wieder, in banger Erwartung.
„Ich glaube nicht, daß sich Gott selbst die Mühe machen wird, die Faschisten aus dem Lande zu jagen", höhnte der Sohn.
Der alte Mann schluckte. Er tastete sich über den steinigen Weg wie ein Blinder. Helena ergriff seinen Arm. Da

regte sich noch einmal zage Hoffnung in ihm, er wollte ein letztes Wort wagen – aber Tanassis und Helena schritten stumm an seiner Seite, und die Unwiderruflichkeit ihres Entschlusses umgab sie wie ein Panzer, an dem jede Bitte abprallen mußte.
Der Bauer gab sich nun gar keine Mühe mehr, den Kindern seinen Gram zu verbergen, er schleppte sich wie ein Uralter: So verliere ich denn auch euch beide ... Wozu habe ich überhaupt Kinder in die Welt gesetzt, wenn diese böse Zeit mir eines nach dem anderen nimmt?
Im Morgengrauen nahmen sie Abschied.
Die Mutter schluchzte, sie umklammerte das Mädchen: Nur eine Minute noch, nur eine winzige Sekunde nach diesen fünfzehn Jahren!
Der Alte umarmte Tanassis, er murmelte: „Oh, mein Sohn Nikos ...“ und heimlich schlug er das Kreuz über der Brust des jungen Mannes.
Als das Sternenlicht erlosch und das Morgenrot wie ein dünner Kranz blasser Rosen sich um den östlichen Horizont schlang, nahmen Bruder und Schwester den Weg unter die Füße.
In der Ferne verschwammen in blauem Dunst die Berge, auf denen die Freiheit wohnte.

Die beiden Zachanidis wurden der Gruppe eines gewissen Stawros Tadschidis zugewiesen.
Es war dieser ein hochgewachsener, breitschultriger Mann in mittleren Jahren, und sein Gesicht war so, daß man es nicht wieder vergessen konnte – nicht nur wegen seiner selbstbewußten Kraft, die aus dem wuchtigen Kinn und den über der Nasenwurzel zusammengewachsenen rabenschwarzen Brauen sprach, sondern auch wegen einer jener winzigen Eigentümlichkeiten, die auf den ersten Blick erheitern, ohne jedoch lächerlich zu wirken: eine breite, kurze Narbe verunstaltete die rechte Wange des Mannes und verzerrte seinen Mund, daß es aussah, als lächele er immerfort.
Sie merkten bald, daß diese Narbe ihn kränkte und der

Ausdruck schiefen Lächelns, die sie seinem Gesicht verlieh. Deshalb verbargen sie ihre Belustigung und hielten sich an die strengen, schwarzen, mongolisch geschlitzten Augen des Tadschidis.

Als er den Geschwistern die Hand reichte, ruhte sein Blick sekundenlang auf dem Gesicht des Mädchens, und es spiegelte sich Erstaunen, ja Betroffenheit in seinen Augen.

Er führte die beiden Zachanidis durch das Lager, um sie mit den Leuten seiner Abteilung bekannt zu machen.

Unter einem Haselstrauch schlief, die Knie an den Leib gezogen, ein schmächtiger Junge. „Das ist Witschu, unser Jüngster." Verstohlen maß Tadschidis das Mädchen an seiner Seite. „Übrigens – wie alt bist du, Helena Zachanidis?"

„Fünfzehn", sagte sie und beugte sich vor, die Züge des Jungen unter dem Haselstrauch zu betrachten. Sie richtete sich auf, ganz bestürzt: Zwei scharfe Falten, wie mit dem Messer eingeschnitten, zogen sich von der Nase bis zu den Mundwinkeln des Jungen, und um seine Augen wob sich ein Netz von Runzeln.

„Mein Gott, der sieht ja aus wie ein alter Mann!"

Tadschidis nickte. „Er sagt, er sei sechzehn. Ich glaube ihm nicht – wahrscheinlich ist er erst vierzehn, hat sich bei uns eingeschmuggelt." Und leiser: „Sie haben seinen Vater zu Tode gefoltert, in seiner Gegenwart. Ich weiß nicht, was sie alles mit ihm gemacht haben, er spricht ja nicht darüber. Aber es muß furchtbar gewesen sein."

Helena schwieg, aber in ihren lebendigen Augen standen so sichtbar Schreck und Mitleid, daß der Mann dachte: Fünfzehn Jahre – sie versteht ja noch gar nichts zu verbergen. In ihrem Gesicht kann man lesen wie in einem aufgeschlagenen Buch ...

Er wies hinüber zu einem großen blonden Mädchen, das ermattet an einem Baum lehnte, zugleich in angespanntem Lauschen den Kopf leicht vorgeneigt wie ein Mensch, der auf ein Wunder wartet.

„Das ist Athena. Sie kommt aus einer Kaufmannsfamilie.

Ihr Vater soll sehr reich sein. Sie ist von Hause fortgelaufen. Du solltest dich mit ihr befreunden, sie ist ein gutes Mädchen, klug und tapfer –" Tadschidis unterbrach sich, er dachte: Zum Teufel, was schwatze ich da? Soll das kleine Ding doch selbst herausfinden, woher sie kommen – Athena und Witschu und die anderen – und wer von ihnen für eine Freundschaft taugt.
Er schämte sich seiner Redseligkeit, kehrte den Führer heraus, versuchte knapp zu sprechen, dienstlich. Er richtete das Wort jetzt nur noch an Tanassis, der verdrossen neben ihm schritt und mit versperrtem Gesicht auf das Gespräch zwischen seiner Schwester und dem Kommandanten gelauscht hatte. Nun Tadschidis sich an ihn wandte, hob Tanassis die Lider und richtete den Blick seiner runden schwarzen Vogelaugen sekundenlang auf das zernarbte Gesicht des anderen.
Er sagte schwerfällig: „Wir werden sie schon kennenlernen", und es klang so, als habe er gemeint: Wir brauchen dich nicht dazu ...
Tadschidis hörte das Unausgesprochene heraus, mit schroffer Handbewegung sagte er: „Wenn ihr etwas wissen wollt, wendet euch an den Genossen Sikas." Er kehrte sich jäh ab und ging.
Helena blickte ihm mit unverhohlenem Erstaunen nach. Tanassis ergriff ihre Hand. „Gaff nicht, du!"
Das Mädchen fragte: „Warum ist er – so zu uns? Erst hat er ganz freundlich gesprochen, und mit einem Male läßt er uns stehen."
„Das verstehst du nicht", knurrte Tanassis. „Übrigens – du brauchst ihn nicht immerzu so anzustarren mit Riesenaugen –"
„Warum nicht? Er gefällt mir", entgegnete das Mädchen, und Tanassis merkte, daß sie ganz unbefangen sprach, ohne Spur von Schelmerei oder jener bewußten Naivität, hinter der Mädchen ihres Alters erwachende Zuneigung zu verbergen suchen.
Er verzog das Gesicht zu einer säuerlichen Grimasse. „Na, das fehlte noch –" Aber er verschluckte jedes wei-

tere Wort und zog die Schwester unsanft vorwärts.
Er wandte noch einmal den Kopf, pfiff zwischen den Zähnen – er hatte es ja geahnt: Der Kommandeur war in einiger Entfernung stehengeblieben und schaute ihnen nach.
Tanassis schritt so schnell aus, daß Helena ihm kaum zu folgen vermochte; er dachte: Solch ein Mädchen ist wahrhaft schwerer zu hüten als ein Sack Flöhe! Dieser Kerl mit seinen vertrackten Kalmückenaugen ...
Vor seinem Zelt hockte mit untergeschlagenen Beinen der Genosse Sikas, ein alter Mann mit hochgewölbter Stirn und sanften Zügen, hellhäutig wie ein Nordländer. Er las in einem dickleibigen Buche, wobei er leise murmelnd die Lippen bewegte. Er blickte auf, als die Schatten der Geschwister über ihn fielen, legte das Buch beiseite und streckte ihnen beide Hände entgegen. „Ihr seid die Neuen? – Setzt euch, Genossen."
Sie saßen ihm gegenüber wie Schulkinder, befangen und unsicher vor den klaren grauen Augen des alten Mannes, der sie Genossen nannte und in einem dicken, strengen Buch las, einem politischen Buch, wie sie noch keins in der Hand gehabt hatten.
„Ihr habt eure Einheit gewechselt? Warum?"
Tanassis zögerte. Aber es gab kein Ausweichen vor diesem Weißhaarigen, darum sagte er rasch: „Wir sind jetzt erst zur Armee gekommen. Ja ..."
Er stockte: Der Mann runzelte kaum merklich die Stirn, wiegte den Kopf. „Das ist nicht gut, Genossen. Ihr habt lange gewartet. Warum?"
„Warum, warum ..." In Tanassis stieg Ärger auf, diese Fragerei mißfiel ihm, das war ja fast ein Verhör – nicht so, Freundchen ... Dennoch, ganz gehorsam, begann er zu erzählen, weitschweifig, wortreich, ganz gegen seine Gewohnheit – und merkte plötzlich, daß von all dem Gerede bei dem Alten nicht mehr haften blieb als dies: die Felder, das Vieh, die Angst, die Selbstsucht; als – eben die Wahrheit ...
Die hellen Augen des Alten glitzerten kalt wie Eisstück-

chen, sein dünnlippiger Mund war verpreßt; Helena unterbrach den Bruder, sie sagte: „Schau, Genosse Sikas, unseren Nikos haben sie erschlagen. Er war noch so jung. Und er konnte singen – so etwas hast du noch nicht gehört. Und er war immer lustig –“ Ein Lächeln stahl sich auf die strengen Lippen des Mannes, und Helena vollendete überstürzt: „Darum sind wir gekommen –“

Sikas nickte ihr zu, die Geschwister spürten, daß sein Unmut verflogen war; Tanassis warf so nebenbei hin, daß sein Bruder Nikos und er schon 1946 am Aufstand in Saloniki beteiligt gewesen seien.

Da war der andere ganz Ohr, er fragte nach dieser und jener Einzelheit, Tanassis erzählte: „... und eines Tages bekamen wir Nachricht, daß ein Zug mit Engländern, so ungefähr zweihundertfünfzig Mann, in Saloniki ankommen sollte. Einer der unseren hatte Dienst auf dem Bahnhof, er leitete den Zug auf ein totes Gleis. Das war im Nu in der Stadt herum. Wir hin zum Bahnhof: Da war es schwarz von Menschen, Frauen und Kinder in Mengen, Männer, alle bewaffnet mit Knüppeln und Steinen. Die Engländer hatten ihre Karabiner, ein paar Maschinengewehre ... Wir – ’ran an den Zug. Die Soldaten knallten wie die Teufel in die Menschenmenge, ich weiß nicht wie viele der Unseren gefallen sind, es war schrecklich ... Aber wir haben den Zug gestürmt, sind in die Abteile eingedrungen und haben die Engländer niedergemacht bis auf den letzten Mann. Das war eine Schlächterei! Bis an die Knöchel beinahe sind wir im Blut gewatet, bedenk: Wir hatten ja nur Knüppel, Steine, ein paar erbeutete Revolver ... Dem Kleinen, dem Nikos, ist schlecht geworden ... Aber am Abend hatten wir zweihundertfünfzig Karabiner und an die zwanzig Maschinengewehre, gar nicht zu reden von Pistolen und Handgranaten. Na, und dann ging es los in der Stadt –“

Wohl ein dutzendmal schon hatte Helena diese Geschichte gehört, und sie lauschte mit halbem Ohr nur auf das, was Tanassis erzählte – mit heimlichem Stolz und leisem Verdruß, weil er nicht verhehlen konnte, daß er diese alte Geschichte nur deshalb wieder aufwärmte, um dem mißtrauischen Alten zu imponieren, ihm zu beweisen: Wir sind keine Feiglinge, du, wir sind schon damals dabeigewesen, haben uns vor ein paar hundert Karabinern nicht gefürchtet …

Helena fragte unvermittelt, kaum hatte der Bruder seine Erzählung beendet: „Was ist das eigentlich für ein Mensch, euer Tadschidis?“

Tanassis erstarrte vor Wut, er zischte: „Du hast den Mund zu halten, wenn Erwachsene reden!“

Sikas legte dem Mädchen die Hand auf den Arm, er sagte verweisend: „Deine Schwester ist kein Kind mehr. Daran mußt du dich gewöhnen, Genosse: Die Frauen stehen im Kampf den Männern nicht nach – sie haben auch die gleichen Rechte wie die Männer.“ Und zu Helena gewandt: „Ein gefährlicher Mensch ist dieser Tadschidis – stark wie ein Stier, tapfer wie ein Leopard, immer voran im Kampf … Einer unserer besten Kommandeure. Freilich, jähzornig ist er, man muß sich hüten, ihn zu reizen – dann sieht er rot, ist gleich mit dem Messer bei der Hand … Man sagt, als junger Mann habe er im Jähzorn einen Nebenbuhler erstochen.“

„Er ist verheiratet?“

„Er war es. Die Deutschen haben ihm seine Frau zuschanden geschlagen; sein Sohn ist gefallen, er wäre jetzt wohl so alt wie euer Nikos.“

„Und nun ist er ganz allein?“

Tanassis rutschte unruhig hin und her: Dieses läppische Gefrage …

Sikas warf einen mißtrauischen Blick auf das schöne, bräunliche Gesicht des Mädchens, er sagte steif: „Bei uns ist niemand allein. Aber um Familienangelegenheiten kümmern wir uns nicht. Hier darf es auch keine Liebeleien geben zwischen den Männern und Frauen unserer Abteilungen. Das untergräbt die Disziplin, wird streng bestraft –“

Die versteckte Drohung trübte nicht die reine Stirn des Mädchens, dem Bruder aber stieg Schamröte ins Gesicht;

nur die Ehrfurcht vor dem Alter, die das Elternhaus ihn gelehrt, hinderte den für die ahnungslose Schwester Gekränkten daran, Sikas eine grobe Antwort zu geben. Brüsk erhob er sich, sagte mit erzwungener Ruhe: „Hör mal, Sikas, du brauchst nicht so geschwollen mit uns zu reden. Wir wissen schon allein, was wir zu tun und zu lassen haben. Und für Helena lege ich die Hand ins Feuer." Sprach's, wandte sich ab und ging mit langen Schritten davon.

Da erst begriff Helena; sie sagte leise, aber mit flammenden Augen: „Das war nicht recht von dir, Genosse Sikas!"

Er konnte sie eben noch am Jackenärmel festhalten. „Bleib nur, Mädchen!"

Helena kauerte, die hochgewölbten schwarzen Brauen zusammengezogen, vor dem Mann, der sich im Grase ausgestreckt hatte, das Kinn in die Hand gestützt, und sie betrachtete.

„So, du heißt Helena ..." Und nach kurzem Zaudern: „Du bist hübsch, das weißt du wohl. Du brauchst nicht rot zu werden – das wirst du noch oft genug zu hören bekommen. Ich bin alt, ich könnte dein Vater sein, und ich will zu dir sprechen wie ein Vater zu seiner Tochter, verstehst du? Kurz und gut: Unsere Männer hier sind keine Engel, die meisten haben ihre Frauen seit Monaten nicht mehr zu sehen gekriegt – ganz zu schweigen von den jungen Burschen, die sowieso nach jedem Weiberrock schielen müssen ... Du wirst es nicht leicht haben, Helena, laß dich warnen ..."

Sikas fuhr sich über die Stirn: Es war verteufelt schwer, mit einem so jungen Ding über Fragen der Disziplin und Moral zu sprechen, es mit wohlgemeinten Warnungen vollzustopfen, die es doch bei nächster Gelegenheit in den Wind schlagen würde.

Es überraschte ihn einigermaßen, daß das Mädchen ganz gelassen nickte. „Ich verstehe dich schon, Genosse Sikas. Aber da brauchst du nichts zu fürchten –" Ein Schatten flog über ihr Gesicht, sie erinnerte sich mit einem Male

ihres Bruders Nikos und seines Mädchens, um dessentwillen er in der Stadt geblieben war. Gewiß hatte er sie nicht allein lassen wollen – und dann hatte er seine Liebe mit dem Leben bezahlen müssen.
Helena hätte gern dem Manne davon erzählt, aber das Wort, das ihr schon auf den Lippen geschwebt, blieb ungesprochen: Die kühlen grauen Augen, die zu seinen sanften Zügen in so krassem Gegensatz standen, belehrten sie eines Besseren; sie glaubte zu wissen, daß sie bei ihm nicht mildes Verstehen und Verzeihen für den Bruder finden würde, ja sie bangte davor, Sikas möge jenes Wort aussprechen, mit dem sie selbst im tiefsten Innern, wo Vernunft und Schwesternliebe aufeinanderstießen, das Tun des Bruders benannte: Verrat ...
„Nein“, wiederholte sie, „du brauchst nichts zu fürchten.“
Der Mann verbiß ein Lächeln. Da macht das junge Ding Versprechungen, gebärdet sich so altklug, ist seiner selbst so sicher und weiß doch nicht, wie das ist: einen Menschen lieben, daß man darüber alles vergißt, daß man sich den Teufel schert um Verbote, um Disziplin ...
Er wehrte sich gegen die weiche Stimmung, die angesichts dieses klaren Mädchenantlitzes, des naiven Selbstbewußtseins der Halbwüchsigen in ihm aufstieg, und er sagte härter als nötig: „Es gibt nur das eine oder das andere. Wer in unseren Reihen kämpft, darf seine Gedanken nur auf ein Ziel richten: die Befreiung unseres Landes; er darf sich durch nichts ablenken lassen. Wer in der Schlacht um sein Liebstes bangt, dem zittern die Hände, er kann nicht schießen, in einem fort muß er den anderen beobachten, möchte an seiner Seite sein – so einer taugt nicht für uns, man muß ihn ausstoßen als einen, der unserer Sache schadet.“
Helena neigte zustimmend den Kopf, sie dachte, die Liebe, die man einem Menschen zuwende, entzöge man der Sache, entzöge man Griechenland.
Sikas sagte abschließend: „Halt dich ein bißchen an die Athena, Mädchen, die ist die rechte Freundin für dich – an die kommt keiner heran.“ –

Ja, wenn es so einfach gewesen wäre, mit Athena ins Gespräch zu kommen, gar ihre Freundin zu werden!
Die Männer schlugen einen weiten Bogen um sie, obgleich ihr bernsteinblondes Haar und ihr weißes Gesicht sie alle lockte. Sie hatten es längst aufgegeben, um Athena zu werben; immer blieb sie in sich gekehrt, kühl und abweisend, eine Kameradin, die ihre Pflicht tat, auf die man sich verlassen konnte, gewiß; aber niemand durfte sich rühmen, mehr als einen Händedruck, ein verhalten freundliches Wort von ihr empfangen zu haben. Niemand auch wußte um die Gründe, die sie, Tochter eines begüterten Bürgers, in die Reihen der Volksbefreiungsarmee geführt hatten.
Helena mußte an diesem ersten Abend, als sie sich Athena zu nähern versuchte, die gleichen Erfahrungen machen wie mancher andere vor ihr.
Das Mädchen lehnte noch immer an dem Baum, in der gleichen Haltung wie vor zwei Stunden, als die Zachanidis in das Lager gekommen waren, und starrte blicklos über die öde Karstlandschaft. Die Sonne versank in orangeroten Wolken hinter der Felsenkette, die schwindende Glut überhauchte die Wangen Athenas, und Helena erschrak fast vor der Schönheit der anderen.
Schüchtern trat sie näher und grüßte. Die fremde Stimme riß Athena aus ihren Träumen, sie wandte langsam den Kopf, erwiderte den Gruß – ohne eine Spur von Neugierde; nichts in ihrer Stimme ermutigte Helena, ein Gespräch anzuknüpfen.
„Ich bin neu hier, ich bin heute gekommen", sagte die Jüngere ungeschickt.
„Ich weiß." Und wieder Schweigen.
Die Teilnahmslosigkeit der anderen kränkte Helena, sie wollte sich zurückziehen, aber irgend etwas in den Augen der Älteren hielt sie fest. Es waren diese Augen tiefblau wie die Ägäis, doch lag ein trüber Schleier über der Iris, als seien sie mit Spinnweb überzogen. Und plötzlich wußte Helena, wo sie solche grau verschleierten Augen schon gesehen hatte: Es gab in Alexandrupolis einen

Krüppel, der von Haus zu Haus betteln ging, ein armseliger, verkrümmter Buckliger. Dieses Mädchen hier war jedoch schlank wie eine Pappel, groß und schmalschultrig.

„Bist du traurig, Athena?“

Die andere hob die strichschmalen Brauen, schweigend, in kühlem Erstaunen, das Helena tiefer verletzen mußte als eine abweisende Antwort.

Sie schlug die Augen nieder im Bewußtwerden ihres Ungeschicks.

Athena jedoch, als habe sie dem Mädchen die Gedanken von der Stirn abgelesen, sagte freundlicher: „Das verstehst du nicht, Kind.“

Eine dunkle Stimme, schmiegsam und weich – Helena lauschte ihrem Klange nach, und sie dachte, eine Frau, die eine solche Stimme besitze, könne gar nicht kalt und hochmütig sein, wie sie anfangs geargwöhnt hatte. Und sie begriff, daß Athena unglücklich war.

Athena war schon wieder ihn ihre Traumwelt zurückgekehrt. Helena wagte kein Wort, es hätte die andere nicht mehr erreicht. Still entfernte sie sich, sie war Athena nicht böse – es hatte sich ihr leicht erregbares Herz nach dieser flüchtigen Begegnung schon in kindlicher Schwärmerei der Frau zugewandt.

Seit dieser Stunde schlich Helena, nicht anders als der glühendste Liebhaber, der Frau auf Schritt und Tritt nach, hielt sich immer in ihrer Nähe, bereit, sofort herbeizuspringen, um eine Handreichung zu tun, eine winzige Gefälligkeit zu erweisen; glücklich errötend, sobald Athena einmal das Wort an sie richtete.

Am dritten Tage nach ihrer Ankunft im Lager gerieten die Zachanidis in ihr erstes Gefecht; es war nur eine Plänkelei mit einer Vorhut der faschistischen Truppen, aber Helena wurde übel vor Angst bei dem trockenen Knattern des Gewehrfeuers; sie schrie auf, als dicht vor ihr der Sand aufspritzte, von dem Einschlag einer Kugel.

Sie lag, das Gewehr im Anschlag, dicht an den Boden ge-

preßt, und sie wünschte, sie könne sich in Nichts auflösen, eins werden mit der Erde; sie vermochte nicht zu schießen. Die khakibraunen Gestalten der Soldaten verschwammen vor ihren Augen und verschmolzen mit dem Geröll und spärlichen Buschwerk des Hanges, über dem grellweiß die Sonne flammte.
Drüben begann ein Maschinengewehr zu rattern.
Helena zuckte zusammen, als sich jemand neben ihr niederwarf, so dicht, daß sich ihre Schultern berührten. Mit Anstrengung drehte sie den Kopf: Da lag Athena, die Lippen zu einem dünnen weißen Strich verkniffen, aber ihre Augen waren ganz klar. Die Uniformbluse straffte sich über ihren Schultern.
Athena sprang auf und schnellte in weiten Sätzen vorwärts; die Mütze war ihr vom Kopf geglitten, und ihr bernsteinblondes Haar gleißte in der Sonne.
Helena öffnete den Mund zum Schrei: Dort stand die Frau, geduckt zwar, doch in unbegreiflicher Kühnheit dem Feinde ein sicheres Ziel bietend, und schleuderte ihre Handgranate mit einer Wucht, die ihr den Arm aus dem Gelenk zu reißen drohte und sie wanken machte.
Das Maschinengewehr verstummte, brüllend sprangen schwarzer Rauch und Sandwirbel auf, wo eben noch der Schütze gelegen hatte.
Eine eiserne Faust preßte Helena Magen und Eingeweide zusammen, und sie wälzte sich krampfhaft schluckend auf die Seite.
Da war plötzlich Tadschidis neben ihr, er schrie ihr etwas zu, sie verstand nicht, sie sah nur seine glühenden Augen und sein wutverzerrtes Gesicht, und sie schoß, ohne zu zielen, ohne auch nur im geringsten an Zielen zu denken.
Dann war alles so schnell vorüber wie begonnen: Der feindliche Trupp hatte sich zurückgezogen, und Helena weinte vor Scham.
Als es dunkelte, schlich sie zu Athena, lange suchte sie nach Worten, ihr und sich selbst zu erklären, warum sie heute so kläglich versagt hatte; endlich fragte sie:

„Warum hast du keine Angst, Athena? Du stehst da so ruhig – ich habe um dich gezittert, habe geglaubt, im nächsten Augenblick müßte es dich treffen –“
Athena senkte die Lider, mit gleichgültigem Schulterzukken erwiderte sie: „Und wenn schon … Was tut’s?“
Helena grübelte, eine steile Falte auf der Stirn, dieser Antwort nach, die doch keine Antwort war. Nach einer kleinen Weile fragte sie, mit der ganzen Strenge und Sachlichkeit, mit der Kinder einem Rätsel auf den Grund zu gehen versuchen: „Ist es dir denn egal, ob du stirbst? Liebst du das Leben nicht?“
Unter den gesenkten Wimpern hervor schoß Athena einen scharfen, prüfenden Blick auf das Mädchen; sie schien nachdenklich und entgegnete zögernd: „Nein. Doch. Ich weiß nicht.“
Helena seufzte. „Das verstehe ich nicht. Ich habe schreckliche Angst vor dem Sterben.“ Und eifrig, im Bestreben, sich gerade vor dieser Frau zu rechtfertigen, setzte sie hinzu: „Aber du darfst nicht glauben, daß ich deshalb so erschrocken war heute nachmittag. Wenn man auf Menschen schießen muß … Und dann das alles, weißt du: Geschrei und Schüsse und Rauch – ich kann es nicht beschreiben –“
„Ich denke, das ist uns allen so gegangen im ersten Gefecht. Doch, es ist Angst. Aber die überwindet man, Helena. Auch – daß man auf Menschen schießen muß …“
Sie stockte, unversehens glitt ein wildes Zucken über ihr Gesicht, sie stieß hevor: „Du mußt hassen können –“
Sie hatte die Lippen von den Zähnen zurückgezogen, die im Mondlicht blinkten wie eine schmale Silberklinge, und Helena erschauerte vor dem Ausbruch glühenden Hasses, der die überlegene Ruhe der Frau so unvermittelt gesprengt hatte.

Die Nacht schwang die geschliffene Mondsichel über den Wäldern, und die Baumwipfel neigten sich im Abendwind.
Am samtschwarzen Horizont schoß eine Leuchtrakete

auf, eine dünnleibige Schlange mit feurigrotem Haupt.
Helena saß mit angezogenen Knien auf einem Felsbrokken, das Kinn auf die kleine Faust gestemmt, und suchte den Knäuel ineinanderverfilzter Gedanken zu entwirren: Dieser Tag ihres ersten Gefechts, der sie feige gesehen hatte; Athena, die – mein Gott, warum nur? – den Tod nicht fürchtete, mehr noch: ihn zu suchen schien; schmerzhafte Sehnsucht nach einem Menschen, dem sie sich anvertrauen konnte: Sieh, ich weiß nicht aus noch ein, erklär mir all das Neue, Fremde, das mich hier umgibt, es ist, als habe man mich ins Wasser gestürzt – nun schwimm! Tanassis? Tadschidis? Sikas? Ach, sie alle so selbstsicher, so streng – für sie gibt es keine Zweifel und Ängste, man kann sie hierhin stellen oder dorthin, gleich haben sie Boden unter den Füßen, schreiten aus, ohne sich umzublicken …
Über den bleichen Weg zu Helenas Füßen wuchs ein schwarzer Schatten; sie blickte auf und erkannte im Zwielicht Tadschidis, der langsam näher kam, anscheinend ungewiß, ob er nicht lieber umkehren sollte.
Das Mädchen rutschte von dem Stein herunter. Da mußte der Mann doch bei ihr stehenbleiben.
Vom Kopf bis zu den Füßen maß er Helena, und sie wurde noch kleiner, noch schmaler unter seinem verächtlichen Blick.
„Du hast dich benommen wie ein Feigling, Helena Zachanidis. Schweig! Dafür gibt es keine Entschuldigung.“
Sie hatte sich gar nicht entschuldigen wollen; nun mußte sie gegen die Tränen ankämpfen.
„Warum sitzt du hier herum und starrst Löcher in die Luft? Hast wohl Heimweh, was?“
Helena schüttelte stumm den Kopf, aber gerade diese Gebärde, in der soviel Scham wie Furcht lagen, reizte den Mann, und die Schwäche des Mädchens erregte in ihm eine böse Lust, sie zu peinigen. Er fuhr fort mit erhobener Stimme, als solle es die ganze Abteilung hören: „Ja, zu Hause war es gemütlicher, man konnte seine Beine unter Mutters Tisch stecken und hatte seine Ruhe; man

brauchte sich nicht zu fürchten – nicht vor Kugeln, nicht vor Hunger und Dreck, wie? Wärest du besser zu Hause geblieben, Fratz!"
Keine Antwort.
Da hob er mit grobem Griff ihr Kinn: Über die braunen Wangen des Mädchens liefen Tränen, sie versuchte gar nicht mehr, ihren Schmerz zu verbergen, den der Mann ihr mit seinen Kränkungen zugefügt hatte.
„Was gibt's da zu heulen?" Aber Tadschidis' Stimmung war schon umgeschlagen, er vermochte nur mit Mühe den rauhen Ton beizubehalten, Weibertränen machten ihn schwach. Er ärgerte sich über diese Regung von Mitleid und wollte eine höhnische Bemerkung hinwerfen, da sagte das Mädchen leise: „Du bist ungerecht, Genosse Tadschidis."
Das traf ihn. Ungerechtigkeit hatte ihm noch niemand vorgeworfen, er war bekannt für die Umsicht und Überlegenheit, mit der er Streitigkeiten schlichtete und Urteile fällte. Er schwieg verdutzt.
Helena hatte sich gefaßt, schnell und laut sagte sie: „Du verurteilst mich, weil ich versagt habe. Man muß sich doch erst einmal in all das hineinfinden ... Du hilfst mir nicht. Am ersten Tag warst du so gut und freundlich, und dann hast du dich gar nicht mehr um mich gekümmert. Du bist doch der Kommandeur. Alles ist noch so fremd, und ich weiß nicht, wen ich um Rat fragen soll. Athena spricht keine drei Worte am Tage – und Witschu erst! Wie ein Teufel ist er, fletscht die Zähne, wenn man ihn anspricht – ich habe Angst vor seinen Augen, manchmal denke ich, er ist nicht richtig im Kopf. Und die andern sind viel älter als ich und kämpfen seit Jahren schon, die können nicht verstehen, daß man ganz in sich hineinkriechen möchte, wenn man zum ersten Male eine Kugel am Ohr vorbeipfeifen hört – so dicht, daß man den Zugwind an den Schläfen spürt."
Sie hielt inne; Tadschidis wollte ein Lachen aus der Brust heraufholen, aber es gelang nicht recht, es blieb schon in der Kehle stecken.

„Da hast du es mir aber ordentlich gegeben: Bist der Kommandeur, kümmerst dich nicht um deine Leute!“ Er dachte: Ein feiner Kommandeur – läßt ein Mädchen in seiner Unerfahrenheit und Angst allein, weil er selbst sich fürchtet – davor, daß er sich in ein hübsches Gesicht vergaffen könnte. Verdammter Narr!
Trotzdem legte er dem Mädchen den Arm um die Schulter. Sie blickte auf zu ihm, überrascht und ungläubig, ihre mandelförmig geschnittenen Augen schimmerten. Tadschidis mußte den Kopf abwenden, er dachte: Sie ist noch so kindlich, daß sie es fertigbrächte, mir jetzt um den Hals zu fallen und sich an meiner Brust auszuheulen.
„Schon gut“, brummte er. „Ich verstehe dich, das hat jeder mal durchgemacht. Es kommt dir hart an, auf Menschen zu schießen; fällt drüben einer, denkst du: Das war deine Kugel. Griechen sind sie, wie du und ich.“ Er verstummte, dann, nachdenklich, fuhr er fort, und es war keine Spur von Unwillen mehr in seiner Stimme: „Seit Jahren geht das so: du tötest, tötest. Schießt auf deine Brüder. Gehst bis an die Knöchel durch Blut, hast so viele Menschen um dich herum sterben sehen; bei denen drüben war mancher darunter, den sie zum Dienst in der faschistischen Armee gepreßt haben gegen seinen Willen … Manchmal verschwimmt's einem vor den Augen: rot in rot. Und die Träume –“
Er holte tief Atem, auf einmal war sein Gesicht wie zugesperrt, als habe er schon zuviel verraten. Er sagte heftig: „Aber was bleibt uns übrig? Die Hände in den Schoß legen, stillhalten wie die Schafe, wenn die anderen uns umlegen? Wenn du gesehen hättest, was ich gesehen habe – wie die Bestien gehaust haben – es gibt auf der ganzen Welt keine gräßliche Art, einen Menschen zu Tode zu bringen, die sie nicht an unseren Genossen ausprobiert haben. An den verstümmelten Leichen unserer besten Kameraden habe ich hassen gelernt – und glaube mir: Haß ist kein schlechtes Gefühl!“
Lange blieb es still zwischen ihnen.

Mit einem Male glaubte Helena das Ende des Fadens gefunden zu haben, mit dem sie beginnen mußte, um den wirren Knäuel ihrer Gedanken aufzuspulen …

Tags darauf, als sie ihr Lager zwischen den Kreidefelsen aufgeschlagen hatten, erlebte das Mädchen zum erstenmal den Angriff amerikanischer Bomber.
Sie hatte schon oft von Phosphorbomben gehört, und sie ahnte die Hölle voraus im schweren Brummen der nahenden Flugzeuge. Aber dann war alles noch viel schlimmer, und die Hölle mußte eine Wohltat sein gegen den tobenden, heulenden Weltuntergang, als Feuer vom Himmel fiel und die Wälder brüllend aufloderten.
Helena hockte im Graben, blind und taub und keiner Bewegung fähig, keines Gedankens, gelähmt vom Grauen: Das ist das Ende …
Aber durch das Inferno fand Tadschidis den Weg zu ihr, er drückte ihren Kopf an seine Brust, fest ihren Leib umschließend. Sie atmete den strengen Geruch seiner Uniformjacke und spürte auf ihrem Gesicht die warme, rauhe Haut seiner schweren Hände, und mit einem Male wurde sie ganz ruhig.
Als in der Ferne das Dröhnen der Flugzeugmotoren verklang und die Luft nur noch bebte vom Heulen und Knistern des brennenden Gehölzes, richtete Helena sich auf. Da sah sie, daß der Mann mit weitoffenen Augen ganz starr geradeaus blickte, und die Narbe an seinem Munde war nicht mehr scheinbarer Ausdruck eines schiefen Lächelns, sondern eine Grimasse des Schmerzes.
Der verhaltene Seufzer der Erlösung, den das Mädchen ausstieß, wischte in Sekundenschnelle die Versunkenheit von Tadschidis' Gesicht, er blickte zu ihr hinab wie ein Erwachender, fuhr sich mit dem Handrücken über die Stirn und sagte töricht: „Ja …“, das Wort zerdehnend, als sei es das erste vieler Worte.
Ratlosigkeit malte sich auf den Zügen des Mädchens.
In einer jähen Aufwallung umschloß er mit beiden Händen ihr Gesicht und sagte weich: „Du brauchst dich nicht

zu fürchten, wenn ich bei dir bin.“
Unwillkürlich abwehrend bog das Mädchen den Kopf zurück.
Rasch ließ Tadschidis die Hände sinken, er zog die starken schwarzen Brauen vor Zorn zusammen, aber Helena verstand, daß dieser unverhüllte Ausdruck von Zorn nicht ihr galt. Sie blieb verblüfft zurück, als der Mann sich mit verkrampftem Lächeln abgewandt hatte und hastig davonging, stolpernd wie ein Betrunkener.
Später schritt sie still und aufrecht durch den verkohlten, hier und da noch brennenden Wald; sie sah die geborstenen Baumstümpfe und die glühenden Stämme, die vor Tagen noch kühl und grün sich gereckt, umrankt von wildem Wein, sie atmete den stinkenden Qualm, der wie eine Gewitterwolke über den Hängen lastete, und sie wußte, daß sie dies nicht vergessen würde.
Seit dieser Stunde in den toten Wäldern konnte sie schießen, gelassen, denkend, und sie hatte die Feigheit überwunden ein für alle Male.

Helena Zachanidis war nun eine unter vielen; sie kämpfte und litt wie die anderen; sie war, wie die meisten Frauen, womöglich tapferer noch als die Männer, weil sie mehr zu verlieren hatte als das Leben, und unter den Frauen hob nichts sie hervor als ihre Schönheit; aber um die wußte sie damals noch nicht.
Manchmal litt sie Heimweh. Anfangs war sie mit ihrem Kummer zu Tadschidis gegangen, aber sie unterließ das bald: Es konnte ihr nicht verborgen bleiben, daß er anders zu ihr war als zu den anderen Frauen und Männern seiner Abteilung – bald schroff, bald von zarter Fürsorglichkeit, so daß sie sich in stetem Wechsel von ihm angezogen und abgestoßen fühlte und am Ende überhaupt nicht mehr wußte, ob er ihr zugetan war oder sie nicht leiden mochte.
Es erschreckte sie, wenn er, kam sie mit einer törichten Frage zu ihm, in aufschießendem Jähzorn mit den Füßen stampfte und sie bösen Gesichts fortwies; mehr noch be-

fremdete es sie, wenn er, wie es oft geschah, sich in ihrer Nähe zu schaffen machte und sie unversehens seinen Blick auffing, der selbstvergessen auf ihrem Gesicht ruhte.
An die anderen wagte Helena sich erst recht nicht heran; streng und verschlossen, ausgehöhlt vom eigenen Leid – sie alle hatten Brüder, Schwestern, Gatten im Kampf verloren –, kannten sie nichts als unbedingte Pflichterfüllung, die sie unerbittlich auch von jedem einzelnen der Abteilung forderten. Heimweh und Furcht hatten sie längst als überflüssigen Ballast abgetan. Sie waren Glieder einer Kette, und jedes dieser Glieder war in sich geschlossen und unantastbar.
So verkroch sich Helena immer mehr in sich selbst; es kränkte sie, daß ihre kleinen Sorgen nicht die Beachtung fanden, die sie erwartete als Jüngste der Gruppe, daß sie untergingen in dem großen Leid und der großen Liebe, die diese Menschen erfüllten. Mit schmerzhafter Schärfe empfand sie in einsamen Stunden, wenn sie nachts schlaflos dalag, daß sie noch immer abseits stand, dem Namen nach zwar dazugehörte, in Wahrheit aber noch mit keiner Tat sich die Gemeinschaft verdient hatte.
Sie hatte geglaubt, der Tod des geliebten Bruders sei Ausweis genug, nun mußte sie erkennen, daß dieser einzelne Tod ein Nichts war gegen das unerhörte Sterben, das durch Griechenland ging.
Sie selbst, Helena Zachanidis, bildete nur ein Steinchen in der Mauer, die sich aufgerichtet hatte gegen Tod und Unterdrückung.
Der Weg zum Wissen um unsere Unwichtigkeit im Ganzen ist jedoch schmerzhaft, und das Mädchen mußte ihn gehen, an allen jenen Meilensteinen vorüber, die Niedergeschlagenheit und Mut heißen, Kränkung und Selbstbewußtsein und endliches Sichfinden.

Es kam der Tag ihrer ersten großen Schlacht, das war bei Maronia, der Sommer neigte sich schon seinem Ende zu, und aus dem Weinlaub schimmerten die blauen Trauben

wie mächtige Büschel runder Saphire.
Helena entsann sich später keiner Einzelheit mehr, in der Erinnerung schmolz dies alles zusammen: das hohe Singen der Granaten, das einem das Blut gefrieren macht, das Gebrüll hüben und drüben, Schmerzensschreie Verwundeter, Staub und Dreck und – schrecklichster Anblick – die amerikanischen Panzer, die grau und gelassen, mit klirrenden Ketten, über das Feld rollten.
Ein Bild nur aus dem rasenden Wirbel von Bildern war in ihr haftengeblieben – da war so Ungeheuerliches geschehen, zusammengedrängt in wenige Sekunden, daß es nächtelang noch ihre Träume vergiftete: Tanassis stürzte, keine zwanzig Meter vor einem Panzer, die Faust in die Seite gepreßt; er mühte sich aufzustehen, krümmte sich, der Panzer rasselte heran, den Verwundeten zu zermalmen; Helena sprang auf den Panzer und warf ihre Handgranate in den finsteren Panzerraum.
Sie begriff später nicht einmal die Erregung der anderen, sie begriff auch nicht die Glückseligkeit in den Augen des Tadschidis, aber sie begriff, daß sie sich hinfort nicht mehr ihres Versagens in jenem ersten Gefecht im Vorgebirge zu schämen brauchte.
Tanassis hatte nur eine Fleischwunde, die heilte bald. Seitdem wich er nicht mehr von der Seite der Schwester, diesem Mädchen, das er fünfzehn Jahre lang an seiner Seite hatte aufwachsen sehen, ihm nur oberflächlich verbunden durch eine laue, pflichtgemäße Bruderliebe.
Seit dem Tage bei Maronia war Helena mit schweigender Selbstverständlichkeit in die Gemeinschaft der Partisanen aufgenommen.
Sechs Panzer vernichtete sie im Laufe dieses Jahres, und jedesmal entrann sie dem Tod wie durch ein Wunder. Aber es gibt kein sechsfaches Wunder, deshalb hatte ihr Name einen guten Klang in den Bergen.

Noch hing die Glut des sterbenden Sommers in den Wäldern, aber die Nächte waren schon kühl, und die Morgen schlichen nur zaghaft über die Hänge herauf.

Fröstelnd kauerte Helena am Feuer; die Schatten der Nacht griffen nach dem Lager, und zwischen den Bäumen brodelte der Nebel.
Tadschidis knackte Nüsse, er brauchte nur einmal zuzubeißen, und die harten Schalen splitterten zwischen seinen kräftigen weißen Zähnen. Er warf dem Mädchen die süßen Kerne zu, sie kaute gedankenlos und dennoch sehr sorgfältig, so schmerzhaft wühlte in ihr der Hunger, und sie wußte wie die anderen, daß es die winzigste Menge an Speise auszunützen galt, um stark zu bleiben für den Tag, da sie wieder in die Täler hinuntersteigen konnten.
Helena war müde und hungrig, sie alle waren müde und hungrig, und sie verfluchten die ihnen aufgezwungene Tatenlosigkeit, sie verfluchten ihre Schwäche und dieses ganze elende Dasein in den unwirtlichen Bergen, und von Tag zu Tag wuchs in ihnen eine wilde Sehnsucht nach Kampf und Entscheidung.
Tadschidis saß der niedrigen Flamme entgegengeneigt, schmutzig und hohlwangig, und betrachtete sinnend die Züge des Mädchens, die rötlicher Schein überflackerte. Er spuckte die Nußschale in die aufprasselnde Glut und sagte unvermittelt: „Das muß doch alles einmal ein Ende nehmen, Helena. Die Volksarmee wird uns hier herausholen, wenn nicht heute, so doch morgen oder übermorgen. Es ist jetzt alles so schwer, die Feinde kommen von allen Seiten, und uns fehlt es an Waffen und Brot, einfach an allem fehlt es uns. Aber es kommen täglich Neue zu uns, das ganze Land ist in Aufruhr."
Helena sagte matt: „Aber die Faschisten und die Fremden, das ist doch zuviel. Wir sind nur so wenige."
„Nicht wenige!" widersprach der Mann heftig. „Aber wir haben Fehler gemacht." Plötzlich sank seine Stimme zum Flüstern herab, er beugte sich Helena zu, die breite Narbe verzerrte seinen Mund, daß es aussah, als lächle er; das machte die Worte doppelt unheimlich, die er dem Mädchen zuraunte: „Sieh, Helena, machmal habe ich Angst. Ich sage das nur dir, versteh mich recht: Ich habe Angst, daß jetzt schon alles verloren ist. Du weißt es

selbst: Wir haben Städte genommen, so viele Städte – aber wir haben nicht verstanden, sie zu halten. Eine Woche, zwei Wochen höchstens haben wir sie besetzt, dann haben wir uns zurückgezogen und sie dem Feind gelassen. Das ist doch falsch, Helena, das ist ein furchtbarer Fehler – und es ist nur einer von vielen ... Und Verrat, immer wieder Verrat – von Menschen, denen man gefolgt ist, weil man an sie geglaubt hat."
Er verstummte und starrte in die Glut, auf einmal glaubte Helena, Tränen in seinen Augen zu sehen. Sie griff nach seiner Hand, aber er entzog sie ihr, er sprang auf und warf ihr die Nußkerne in den Schoß. „Iß, Helena!"
„Du hast ja selbst noch nichts gegessen."
„Du bist ein Mädchen, du bist doch nicht so kräftig wie ich."
Helena trat neben ihn, sie reichte ihm nicht einmal bis zu den Schultern. Sie blickte zu ihm auf, ein ganz sanftes Lächeln über dem blaßbraunen Gesicht.
„Nimm nur, ich bin satt – wirklich!"
Und sie bot ihm auf der flachen Hand die Nüsse mit einer fraulichen Gebärde, daß der Mann erschrak: Sie ist ja gar kein Kind mehr ...
Das Mädchen stand noch immer mit ausgestreckter Hand, aber auf ihrem Gesicht war das Lächeln erloschen. Tadschidis sah hinab in ihre schwarzen Augen, und er hob die Hand und strich unbeholfen über das Haar des Mädchens. „Helena, Gute, Schöne ..."
Sie schlug die Augen nieder.
Er sagte rauh: „Ich bin doch auch nur ein Mensch."
Sie fuhren auseinander. „Genosse Tadschidis!" rief Tanassis. Sie hatten die beiden gar nicht kommen hören: Da nahte Tanassis mit einem jungen Burschen, der, die Hände in den Taschen vergraben, so gemütlich einherschlenderte, als spaziere er durch einen Tanzsaal und nicht durch das Lager einer von der Welt abgeschnittenen Partisanenabteilung.
Jetzt konnte Helena sein Gesicht erkennen, und sie erschrak bis ins Herz hinein – ihr war, als stünde dort Ni-

kos, klein und schlank, mit hohen Backenknochen und heiteren braunen Augen. Und dieser Mund, dieser volle, genüßliche Mund ...

Tadschidis straffte sich. Der Bursche zog die Hände aus den Hosentaschen, unwillkürlich nahm er Haltung an. Tanassis meldete, das sei Costas Chalkidis, ein Neuer; er habe sich durchgeschlagen.

„Hast du Waffen?“

„Eine Maschinenpistole; ich habe sie einem Amerikaner abgenommen – unten in Peplos schon.“ Er machte eine unbestimmte Handbewegung, dabei lächelte er, ein bißchen stolz und ein bißchen verlegen wie einer, der gern mit seiner Heldentat prahlen möchte und plötzlich sich bewußt wird, daß er im Kreise von Menschen steht, die täglich ungezählte Heldentaten vollbringen.

Tanassis winkte dem Kommandeur. „Auf ein Wort, Genosse Tadschidis!“

Der folgte dem Mann ins Dunkel. Er konnte das Gesicht des anderen nicht erkennen, aber er fühlte dessen Erregung in dem harten Griff, mit dem der seine Schulter umspannte.

„Hör zu, Tadschidis“, raunte der Mann, „laß die Finger von der Helena. Ich sage es dir im guten – daß du sie nicht anrührst, du!“

Tadschidis schüttelte den anderen ab. „Was redest du da? Sie ist noch ein Kind.“ Aber er erinnerte sich mit quälendem Unbehagen jener fraulichen Geste, mit der das Mädchen ihm vorhin die Nüsse angeboten hatte.

„Wie du sie eben angeschaut hast ...“ sagte Tanassis finster. „Du bist unser Kommandeur, du weißt, Sikas predigt immer, daß es die Disziplin untergräbt, wenn wir Liebeleien anfangen – nun halte auch du dich daran. Und – du bist ja viel zu alt für sie ...“

Er hörte den anderen atmen, sehr laut und rasch, er fragte: „Tadschidis?“ und es war Besorgnis in seiner Stimme und schon wieder eine Spur von Abbitte.

Der im Dunkel sagte schnell und leise: „Es ist gut, Tanassis“, und nicht mehr, aber der Bruder der Helena wußte,

daß es ein Versprechen war, auf das er sich verlassen konnte.
Sie gingen zum Lager zurück, sie schwiegen; die hohe Gestalt des Partisanenführers war nur um ein weniges vornübergeneigt, als sei nun noch eine Last mehr auf seine Schultern gesunken.
Helena war allein geblieben mit dem Fremden.
Sie standen sich mit hängenden Armen gegenüber, und der Bursche, den Mund gespitzt, beschaute das Mädchen mit abschätzendem Blick, sagte dann unvermittelt: „Du bist aber ein hübsches Mädchen!" und seine braunen Augen wurden schmal, mit vielen lustigen Lachfältchen um die Augenwinkel.
Helena erwiderte unwillig: „Du bist aber ein frecher Kerl!", und sie schämte sich dabei ihrer plumpen, vielfach geflickten Uniform, die so lächerlich um ihre schlanken Glieder schlotterte. Sie zog die Jacke über die Brust zusammen und wollte sich abwenden, da trat der Junge dicht an sie heran, lächelnd. „Na, hab dich nicht so!" Und er streckte ihr die Hand entgegen.
Nun erst bemerkte Helena auf seiner Stirn die kleine Wunde, von geronnenem Blut schon geschlossen, und sie erinnerte sich, daß Nikos eben an der gleichen Stelle, dicht unter dem Haaransatz, eine Narbe gehabt hatte.
„Du bist verwundet?"
Er winkte ab. „Ein Streifschuß. Es tut nicht mehr weh."
Das Feuer glomm nur noch schwach, ein paar bläuliche Flämmchen huschten die verkohlten Zweige entlang, zuckten auf und erloschen. Der Junge stieß mit dem Fuß in die Glut.
„He, Mädchen, du frierst!" Er zog seine Jacke aus und legte sie ihr um die Schultern.
Sie wollte abwehren, er knurrte: „Stell dich nicht so an!" und ließ sich neben ihr ins feuchte Gras fallen.
Jagende Wolken schluckten die Sterne.
Helena zögerte, sie war sehr hungrig, dann drückte sie dem Burschen doch die Nüsse in die Hand. „Du wirst Hunger haben."

Er nahm ohne Umstände, er wußte ja noch nicht um die Kostbarkeit eines solchen Geschenks.
Verstohlen betrachtete das Mädchen den Jungen an ihrer Seite: Diese Bewegung, mit der er das lange, lockige Haar aus der Stirn warf; diese flinken Augen, die im Nu die Menschen abschätzten – so hatte Nikos das ungebärdige Haar zurückgeworfen, so hatte Nikos geblickt, rastlos auf der Jagd nach Neuem, Niegesehenem, mit leichter Hand gebend und nehmend ...
Ohne Übergang sagte das Mädchen: „Mein Bruder hatte auch eine Narbe auf der Stirn, ja, genau wie du. Aber er hatte sie vom Baden, weißt du: Er ist ins Meer gesprungen und hat sich die Stirn an einer Muschel aufgerissen. So war er, nie hat er auf sich achtgegeben."
Der Junge hörte auf zu kauen. „Er ist tot?"
„Sie haben ihn erschlagen."
Jäh umdüsterte sich sein heiteres Gesicht. „Meinen Vater haben sie aufgehängt. Mutter auch. Ich habe zusehen müssen." Und nach einer kleinen Pause: „Deshalb bin ich gekommen."
Helena nickte.
Ihre Augen begegneten sich, ruhten sekundenlang ineinander. Helena sagte schnell: „Ich habe Nikos so gern gehabt. Er konnte wunderbar singen –"
„Ich kann auch singen." Schon blitzte wieder ein Funke verschmitzter Heiterkeit in seinem Blick auf. „Am besten kann ich Liebeslieder singen." Ganz eifrig: „Kennst du das von dem Mädchen, das seinen Liebsten verloren hat und den Schwalbenpärchen nachschaut und weiß, daß es nun nie wieder einen anderen lieben wird?"
Mit beiden Händen griff er auf unsichtbarer Gitarre einen vollen Akkord und begann zu singen. Er sang mit warmer, dunkler, ein wenig heiserer Stimme, die paßte so recht zu der kleinen schwermütigen Weise:

„Mawra pula charumena petate
schal angala charumenos na pas ..."

Der Mond trat zwischen den Wolken hervor, schwebend in einem milchigweißen Dunstkreis. Die schwarze Silhouette des Burschen stand silbern gesäumt gegen den Wald.

Helena hatte die Hände im Schoß gefaltet, mit gesenktem Kopf hörte sie wie verzaubert zu. Die zärtlichen Klänge weckten ein Echo in ihr, plötzlich empfand sie einen feinen, ziehenden Schmerz in der Brust, der ihr Tränen in die Augen trieb, als weine sie wie jenes Mädchen Verlorenem nach.

Sie hob die Lider. Dem Burschen fielen die Arme herab: Nicht das Mondlicht hatte diesen verwirrenden Glanz in den Augen des Mädchens entzündet.

Er zwang sich zu einem Lachen, das kläglich zersplitterte.

„Du singst gut“, sagte Helena, und ihre Stimme klang spröde vor Verlegenheit. „Nur – das ist ein so trauriges Lied. Weißt du nichts Lustiges?“

Erleichtert sprang er auf, warf die Haare zurück – Gott!, wie Nikos! dachte das Mädchen – und stimmte, mit den Füßen flink den Takt stampfend, das freche Schelmenlied von dem Burschen an, der bei Nacht sein Mädchen entführen will.

Helena wiegte sich in den Hüften, sie hatte so lange nicht mehr gesungen; ihre Stimme klang zusammen mit der des Jungen, sie lachten und waren außer Atem und hatten vergessen, daß die Nacht kalt war und ohne Sterne.

Tanassis und Tadschidis verhielten den Schritt; von den nassen Zweigen tropfte es auf ihre Köpfe nieder. Sie lauschten – Tanassis mit sachtem Schmunzeln, mit finster zusammengezogenen Brauen der Kommandeur.

„Ein lustiges Vögelchen!“ sagte Tanassis. „Der lebt sich schnell ein.“

Der andere erwiderte hart: „Er ist zum Kämpfen gekommen, nicht zum Singen. Ein leichtsinniger Bursche, scheint's – es fragt sich, ob er überhaupt weiß, was das heißt, Partisan sein.“

Verwundert schaute Tanassis dem Mann nach, der mit langen Schritten über die Lichtung eilte, auf die beiden Jungen zu, die verlegen verstummten. Er herrschte sie an;

ob sie nicht wüßten, daß die anderen schon schliefen? „Und wie leicht könnt ihr uns mit eurem Lärm eine feindliche Streife auf den Hals hetzen?“
„Aber du hast doch selbst gesagt, daß sie unser Versteck niemals finden können“, wagte Helena einzuwenden.
Ihr Widerspruch trieb ihm die Röte in die Stirn, auf seiner Schläfe schwoll eine Ader. Er wußte ihr jedoch nichts zu erwidern, unwirsch rief er: „Geht jetzt schlafen!“ Er hätte sich im gleichen Moment ohrfeigen mögen wegen dieser schroffen Weisung. Verdammter Narr, der er war, daß er die beiden, denen das Wohlgefallen aneinander nur so aus den Augen sprang, auch noch allein in den Wald schickte!
Die beiden schlichen mit hängenden Köpfen davon.
Der Mann, wie er ihnen nachschaute, dachte beschämt: Ich bin ungerecht. Das ist doch ganz harmlos zwischen den beiden. Verfluchtes Mißtrauen, ich sehe überall Gespenster! Laß sie doch singen – wer weiß, wie lange sie es noch können ...
„Das sind doch noch Kinder“, sagte hinter ihm Tanassis.
Dem finsteren Menschen, mürrisch sonst und schweigsam, hatte die freche kleine Melodie ein Lächeln um den Mund gelegt, sein mageres, häßliches Gesicht wirkte ganz froh und gelöst, als sein Blick den Jungen folgte, die die Finsternis unter den Bäumen verschlang.
Seufzend hob Tadschidis die Schultern. „Nun gut. Früh genug wird er das Singen noch verlernen, der Springinsfeld.“ Und wieder mißmutig. „Aber daß er sich gleich an die Helena heranmacht, gefällt mir nicht ...“
Die beiden, der Junge und das Mädchen, tasteten sich zwischen den feuchten Stämmen hindurch.
Costas wies mit dem Daumen über die Schulter. „Der ist aber streng!“
„Sonst ist er gar nicht so“, widersprach das Mädchen lebhaft. „Er ist wunderbar – so gerecht und gut; er ist der beste Mensch, den ich kenne.“
Der Junge stolperte über eine Baumwurzel, er fragte ver-

drossen: „Du bist wohl verliebt in den, was?“
Das Mädchen warf den Kopf zurück. „Pah, verliebt!“ Sie schritt schneller aus, geschickt wich sie den tiefhängenden Zweigen aus; nach kurzem Zögern fügte sie hinzu: „Nicht so, wie du denkst. Ich habe ihn eben gern ...“
Costas fluchte halblaut. Nasse Blätter klatschten ihm ins Gesicht, undeutlich nur erkannte er die Gestalt des Mädchens, das sich so sicher durch Gestrüpp und zähe Ranken fand.
„Bück dich doch!“ rief sie lachend. Sie wartete auf ihn und ergriff seine Hand so selbstverständlich, wie sie die Hand des Bruders genommen hätte. Willig ließ Costas sich leiten.
Dann tat sich aus dem Nichts der Eingang zur Höhle auf, sie mußtem sich bücken, ihre Schultern streiften die kalten, glitschigen Felswände. Erst nach ein paar Schritten konnten sie sich aufrichten, die Höhle erweiterte sich, warmer Dunst schlug ihnen entgegen und das dumpfe Geräusch der regelmäßigen Atemzüge Schlafender.
„Komm hierher zu mir, ich habe eine Decke“, flüsterte das Mädchen.
Costas ließ sich neben ihr auf raschelndes Laub niedergleiten, sekundenlang verschlug es ihm den Atem, er wußte nicht, ob es von dem strengen Geruch des welkenden Laubes war oder von der Nähe des Mädchens, dessen Wärme er durch den groben Stoff der Jacke spürte.
Er schob seinen Arm unter ihren Nacken. „Bist du auch gut zugedeckt?“
„Ja, mir ist ganz warm.“
Costas hatte noch nie an der Seite eines Mädchens gelegen. Der Atem Helenas streifte seine Wange; er flüsterte dicht an ihrem Ohr: „Und du bist wirklich nicht verliebt in diesen Tadschidis?“
„Nein, nein“, murmelte sie ganz schlaftrunken schon an seiner Schulter.
Still und steif lag Costas mit offenen Augen; sein Arm schlief ein, aber er wagte sich nicht zu rühren aus Furcht, er könne den Schlaf des Mädchens stören. –

Streng war das Verhör am nächsten Morgen, als Costas der Abteilung vorgestellt wurde und sie alle kennenlernte: den kleinen Witschu, den Genossen Sikas, die große blonde Athena und die anderen.
Sie saßen im Kreis um ihn herum, jeder einzelne unerbittlicher Richter, und der Junge saß beklommen im Mittelpunkt dieses Kranzes von Augen; ihm war, als seien selbst die Baumstämme und Felsen im Hintergrund bepflastert mit Augen, deren jedes wie ein Lichtfünkchen auf seiner Stirn brannte.
Er mußte erzählen, wie er sich bei der illegalen Parteileitung gemeldet, wie er sich – mitten durch die Umklammerung feindlicher Truppen – durchgeschlichen habe bis hierher.
Befragt, warum er ausgerechnet solche Gefahren auf sich genommen habe, statt sich einer Einheit der Volksarmee in der Ebene anzuschließen, zuckte er die Schultern mit halb verlegenem, halb stolzem Lächeln: Er habe gehört, daß hier oben eine versprengte Abteilung hause – zu der habe er eben gewollt.
Mehr war aus ihm nicht herauszubekommen; er hätte in diesem Kreise nicht zu gestehen gewagt, daß das Abenteuer ihn gelockt hatte und die heimliche Vorfreude auf das Aufsehen, das seine verwegene Tat bei den Partisanen erregen mußte.
Jedoch hatte eine Nacht im Lager der Partisanen genügt, ihn eines Besseren zu belehren; so ging er eilig über diesen Punkt hinweg und erzählte weiter: Er habe seine Eltern verloren und sich deshalb zum Kampf gegen die Faschisten entschlossen. Und endlich: Er solle melden, die Gruppe des Genossen Tadschidis werde binnen kurzem Verstärkung erhalten, um sich aus dem Ring lösen zu können.
Bitter schwer wurde dem Burschen das Verhör, denn er spürte das Mißtrauen der anderen, er führte auch nichts Schriftliches bei sich, das seine Angaben hätte bestätigen können, und immer wieder fuhr der Kommandeur mit scharfen Fragen dazwischen, so daß Costas, verwirrt, end-

lich stockte und sich hilfesuchend im Kreise umblickte.
Tanassis nickte ihm zu. „Ruhig Blut, Costas! Du mußt das verstehen – Verräter gibt es überall …"
„Aber er ist doch kein Verräter!" rief Helena und erschrak vor dem bösen Stirnrunzeln des Kommandeurs. Einem Ausbruch seines Jähzorns vorzubeugen, setzte sie leiser hinzu, ungeschickt: „So etwas sieht man doch."
Der Mann verschluckte eine heftige Antwort, er zwang sich zur Ruhe, er mußte gerecht sein, auch gegen den. Er sagte kalt: „Du bist nicht gefragt worden, Helena Zachanidis."
Sie biß sich auf die Lippen. So hatte er noch nie zu ihr gesprochen.
Costas allein spürte dumpf die Feindseligkeit des Älteren, und er ahnte, daß sich noch anderes hinter dessen harten Worten verbarg als nur Mißtrauen gegen ihn, den Fremden; denn Mißtrauen, das wußte er wohl, brachten die Partisanen jedem entgegen, der neu zu ihnen kam und sich noch nicht bewährt hatte – das verstand er, obgleich es ihn kränkte, da er sich seiner Schuldlosigkeit bewußt war und seines guten Willens.
Hernach trat Helena zu ihm, sie sagte einfach: „Ich glaube dir, Costas." Sie hob die Lider, ihre dunklen Augen leuchteten in warmem Glanz: Wie hätte sie ihm mißtrauen können!
Mit einem langen Blick umfing Costas das schmale, kühne, bräunliche Gesicht des Mädchens, er sah auf ihren Mund, und er erinnerte sich des Standbildes einer Göttin, die hatte solch einen geschweiften Mund. Die Lippen der Göttin waren von weißem Marmor und kalt, die Lippen des Mädchens aber warm und von lebendigem Rot, und er hätte sie küssen mögen trotz der aufmerksam sie beobachtenden Männer und Frauen ringsum.
Costas beugte sich vor und berührte mit den Fingerspitzen ihre Schulter; er hätte ums Leben gern ihr strahlend schwarzes Haar berührt oder ihre Haut – er wußte ja schon, daß ihre Haut so zart war wie der zarteste Samt: Er

hatte in der Nacht über ihre Wange gestrichen, nur eben mit der Fingerspitze, damit sie ja nicht erwache.
„Weißt du, daß du wunderschön bist?"
Sie schüttelte stumm den Kopf, was hätte sie auch darauf erwidern können! Dann: „Du gefällst mir auch, weil du Nikos so ähnlich siehst – und überhaupt ..."
„Soll ich heute abend wieder für dich singen?"
„Wenn du willst ..."
Costas kannte eine Fülle von Liebesliedern, heitere, zärtliche und wehmütige Melodien, und er sang nur für Helena.
Kalt und klar spannte sich der sternenfunkelnde Himmel über den rauhen Bergen, der Wald stand wie eine mächtige Mauer schweigend um die kleine Lichtung, auf der die rauchlosen Flämmchen hüpften und spielend ihren roten und gelben Schein über die Gestalten der Partisanen warfen. Die umringten, zu unförmigen Klumpen zusammengerollt unter dicken Jacken und Wolldecken, den wendigen, schlanken Burschen, der auf unsichtbarer Gitarre spielte, das ungebärdige Haar aus der Stirn werfend, und manchmal summten sie eine Melodie mit, die frohe oder trübe Erinnerung in ihnen weckte.
„Mawra pula charumena petate ..." sang der Junge, und seine warme, dunkle, ein wenig heisere Stimme milderte die Strenge in den Zügen der Männer und Frauen; für Minuten vergaßen sie Hunger und Kälte und drohenden Tod, sie schlossen die Augen und streckten die Hände dem lebendigen Feuer entgegen – da konnten sie wieder träumen. Sie wanderten durch weißblühende Orangenhaine in sonnenüberfluteten Tälern, sie pflückten die rosenroten Blüten des Oleanders und schmeckten auf ihren Lippen den süßen Saft reifer Äpfel, und unter den ersten Zypressen lockte das Lied eines Verliebten ...
Athena saß neben Helena, die Hände um die Knie gefaltet, das marmorblasse Gesicht geneigt. Als Costas dieses letzte Lied anstimmte, fuhr sie zusammen, so heftig, daß Helena es bemerkte und forschend die Frau ansah. Die hatte die Zähne in die Unterlippe gegraben: Herrgott, gab

es denn kein Vergessen? Mußten denn immer wieder Worte aufspringen, Melodien, die peinigende Erinnerungen in ihr weckten und ihr die kargen Stunden mühsam errungener Ruhe vergällten?
Sie legte den Kopf auf die Knie, im Feuerschein flammte ihr Haar wie Messing. Helena ergriff Athenas Hand, die kühl und schlaff blieb zwischen den warmen Fingern des Mädchens.
Costas wußte nichts von den Träumen der Älteren, ihm war diese Stunde lieblichster Traum und Erfüllung in einem, er sah nur Helena, er suchte ihren Blick und ihr Lächeln. Seine weißen Zähne funkelten in dem braunen Gesicht; er hätte die ganze Nacht hindurch singen mögen für sie, die Schönste unter dem Himmel Griechenlands.
Tadschidis hatte freiwillig die Wache übernommen.
Er wanderte gleichmäßigen Schrittes über die Hänge, und er war sehr einsam. Neid fraß an seinem Herzen, und – er verhehlte sich nichts, er war immer ehrlich gewesen gegen sich selbst – bittere Eifersucht. Niemals wäre er Helena zu nahegetreten, er hatte sich der Disziplin der Partisanenbewegung gebeugt; nur aus der Ferne hatte er um das Mädchen geworben, hoffend, er möge doch wenigstens ihre Freundschaft gewinnen, ihr Vertrauen, da ihm, das wußte er wohl, mehr versagt bleiben würde.
Und da kam dieser Bursche und nahm mit leichter Hand und lachendem Mund in Stunden das, was er, Tadschidis, in Monaten so schwer und mühselig zu erringen sich bemüht hatte.
Denn der Mann wußte mehr als das Mädchen vorerst selbst: Er vergaß nicht ihren empörten Zwischenruf heute morgen und nicht die zutrauliche Geste, mit der sie nach dem Verhör die Hand des Costas genommen hatte.
Der Mann lauschte zur Lichtung hinüber, da war es nun still geworden. Er dachte: Was ist das schon, seine unsichtbare Gitarre, sein glattes Gesicht, sein Jungsein ... Er hatte niemals vorzeitig aufgegeben, er würde auch diesmal nicht aufgeben.

Langsam schritt er zur Lichtung zurück, aufrecht, die Schultern zurückgedrückt, und die Narbe an seinem Munde verlieh dem Gesicht einen ganz vergnügten Ausdruck, der ihn, hätte er sich jetzt in einem Spiegel sehen können, bitter gekränkt hätte.

Um vier Uhr morgens zog Helena auf Wache. Weiße Nebel krochen durch die Schlucht, das Mädchen ging wie in Watte, die jeden Laut aufsog und in trägem Wallen die Felsen und Bäume in wolkige Gewänder spann.
Helena fröstelte; die brunnentiefe Stille dieser gespenstischen Stunde zwischen Tag und Nacht, durch die ihr Schritt tappte, so regelmäßig wie dumpfer Uhrenschlag, versenkte das Mädchen in ein Gefühl trostloser Einsamkeit – ihr war, als löse allmählich sie selbst sich auf und werde eins mit diesen ziehenden grauen Schwaden. Früher, als die finsteren Sagen ihrer albanischen Mutter noch in Helena lebten und ihr Kinderglaube die Märchen in den Alltag verpflanzt hatte, hatte sie sich vor Dämonen gefürchtet, vor Wassergeistern, die unversehens den Wanderer bannen und ihn in ihr unterirdisches Reich hinabziehen, auf ewig fern der Sonne, den Vögeln und grünen Bäumen.
Damals – sie wohnten noch in Saloniki, in einer schmutzigen Vorstadt – schlich sie nach Einbruch der Dunkelheit mit prickelndem Grauen durch die totenstillen Straßen, den Kopf zwischen die Schultern gezogen, scheue Blicke nach rechts und links werfend, glücklich schnaufend vor Erleichterung, sobald die Haustür hinter ihr ins Schloß gefallen war und ihr der vertraute Geruch von Hammelfett und Herdrauch aus der Küche entgegenschlug.
Heute hatten die blutigen Märchen Albaniens ihre Macht über Helena verloren; am hellichten Tage, im Kreise der Kameraden, konnte sie über ihre Furcht lachen, und in der Nacht half ihr der angestrengt kühle Verstand – zum Teufel, es gab doch keine Gespenster! – über leise Anwandlungen jenes kindlichen Grauens hinweg. Gefahr

drohte nicht mehr von blutlosen Schemen, jetzt war ihr die Vorstellung „Gefahr“ verknüpft mit Männern in khakibrauner Uniform und mit dem kurzen, trockenen Knallen von Schüssen. Aber auch diese Angst wurde gegenstandslos in dem Augenblick, da man ein gutes Gewehr über die Schulter trug und Augen und Ohren offenhielt.

Anderes verfolgte in letzter Zeit das Mädchen, nicht weniger beklemmend freilich als Schatten von Dämonen: eine unbestimmte Sehnsucht, die sich nur für Minuten manchmal zu einem stechenden Schmerz in der Brust verdichtete, der ihr Herz flattern machte.

Schamhaft selbst in Gedanken, gestattete das Mädchen sich auch in den Stunden innerlichen Alleinseins nicht das Eingeständnis, daß ein Mensch ihr fehle! Beileibe nicht irgendein Mensch – sie genoß ja Achtung und Vertrauen, Freundschaft sogar bei den Kameraden – sondern eben der Mensch ... Manchmal träumte sie von dem Unbekannten, um den ihre verschwiegenen Gedanken kreisten, und er trug bald die Züge des Tadschidis, bald die Züge eines Fremden, aber sie zerflossen rasch und waren beim Erwachen schon vergessen.

Heute jedoch, da Helena, alle Sinne angespannt im Durchdringen der über dem Boden schwebenden zähen Wolken, durch die Schlucht am Fuße des Lagers patroullierte, hatten die verschwommenen Züge der Traumgestalt feste Form angenommen, und sie war sich gewiß, daß der Unbekannte, auf den sie gewartet, niemals anders ausgesehen hatte: in einem jungen Gesicht mit hohen Backenknochen die heiteren braunen Augen, der volle, genüßliche Mund ...

Im Buschwerk knackte ein Zweig, es klang wie ein erstickter Seufzer. Das Mädchen fuhr zusammen und ließ den Gewehrriemen über die Schulter herabgleiten.

Ein Schatten löste sich aus dem wogenden Grau. „Wer da?“ Helenas Stimme schrillte nervös.

„Ich bins – Athena ...“

Helena senkte den Lauf ihres Karabiners. „Was treibst du

hier? Warum schläfst du nicht?" fragte sie so streng, als ärgere sie sich über Athena, nicht über sich selbst.
„Ich kann nicht mehr schlafen", sagte Athena ganz sanft. „Der Neue, der Costas, mit seinen albernen Liedern ..."
Helena maß erstaunt die Ältere: Blaue Schatten lagen unter deren Augen, die eine die ganze Frau erfassende Verwirrung widerspiegelten. Das Mädchen sagte schnell: „Warte auf mich, Athena. Ich komme gleich nach der Ablösung – zu dem Ahorn am Lagerausgang, weißt du?"
Athena nickte. Dann hatte sie schon der Nebel verschluckt.
Mit Ungeduld erwartete Helena die Ablösung. Sobald der kleine Witschu – wortlos, grußlos wie gewöhnlich – seinen Posten bezogen hatte, eilte Helena zu der bezeichneten Stelle, wo sie Athena fand, an den Stamm gelehnt.
Ungestüm umfing Helena die Schultern der Frau. „Was ist dir, Athena? Was kann dir schon der Costas getan haben mit seinem Singen ..." Sie erglühte, kaum nannte sie seinen Namen.
„Nichts Schlechtes, Helena, nichts Böses ..." Und mit einer Unmittelbarkeit, die das Mädchen wehrlos machte wie ein Überfall aus dem Dunkel: „Du bist ja verliebt in Costas –"
„Nein, nein" rief Helena mit hilflos erhobenen Händen.
Die Strenge in dem weißen Gesicht der Frau schmolz unter einem gütigen Lächeln. Flüchtig strich sie dem Mädchen über die heißen Wangen. „Du kannst ja nichts geheimhalten, Kind ..." Und in jähem Wechsel der Stimmung wieder ernst werdend, setzte sie hinzu: „Das ist doch keine Schande. Man darf nur das andere nicht darüber vergessen."
„Welches andere?" fragte Helena beklommen.
„Du weißt es doch." Athena wies über die Schulter zum Lager hin. „Das da ..."
Helena sagte bestimmt: „Das vergesse ich nie."
Athena, den Einwurf überhörend, fuhr fort: „Immer wie-

der prägt Sikas uns ein: Euer persönliches Glück ist ein Nichts im Vergleich zu dem Ziel, für das wir kämpfen. Was Liebe! Uns geht es um Größeres, da kümmern uns eure Schmerzen nicht – ihr seid Soldaten der Freiheit!“

Helena nickte: Das war ihr geläufig, sie hatte diese Worte schon am ersten Tage im Lager zu hören bekommen, und sie war überzeugt von deren Richtigkeit. Desto mehr bestürzte sie jetzt das trockene Lachen der Frau, die mit verächtlicher Handbewegung den Genossen Sikas abtat.

„Sikas ist ein alter Mann, der kann doch gar nicht mehr nachfühlen, wie das ist: lieben und geliebt werden, sich irren ... Laß dich nicht beeinflussen von dem, er weiß es eben nicht besser. Laß dein Herz nicht verhärten ...“

„Ja“, sagte Helena. Auf einmal war ihr ganz leicht und frei zumute, sie hätte jetzt erzählen mögen, wie sie Costas vorgestern abend zum ersten Male gesehen, wie er sie an den Bruder Nikos erinnert habe; wie lustig er sei, wie fürsorglich – auf einmal war das sehr wichtig: daß er ihr seine Jacke umgelegt, daß er ihr gesagt hatte, sie sei schön ...

Ein Blick auf Athena verschloß ihr den Mund. Mein Gott, sie ist doch krank, dachte Helena. Die Frau war versunken in düsteres Grübeln, die steife Maske von Gleichmut vermochte die Trauer nicht zu verdecken, die ihren Zügen eingeprägt war, sie schlaff und kränklich erscheinen ließen.

Plötzlich richtete sich Athena mit einem Ruck auf; mit der Rechten warf sie die Flut des blonden Haares zurück, das ihr über die Schulter gesunken war, mit der Linken zog sie Helena dicht an sich heran und flüsterte: „Vergiß, Kind, was ich dir gesagt habe. Doch Sikas hat recht! Was rede ich dir da ein? Warnen sollte ich dich: Verschwende keinen Gedanken auf das, was wir Liebe nennen, nichts bringt sie als Leid, und die Reue kommt immer zu spät ...“ Einen Augenblick noch schien Athena zu überlegen, dann sagte sie entschlossen: „Ich will dir erzählen, wie es mir ergangen ist. Versteh: Kein Wort davon gegen andere! Nur du sollst das wissen – du sollst nicht mit offenen Augen in dein Unglück rennen. Kann ich mich auf dich verlassen?“

Helena nickte kaum merklich. Mit einem Male wünschte sie sich, sie, die wochenlang um das Vertrauen der bewunderten Frau geworben hatte, Athena möge schweigen; eine böse Ahnung schnürte ihr das Herz zusammen – aber nun war es zu spät, es käme einer tödlichen Beleidigung gleich, würde sie sich in diesem Moment, da die andere sich endlich ihr aufschloß, abwenden.

... Athena Karajanis stammte aus gutbürgerlichem Hause, ihr Vater, ein kleiner Reeder, hatte ein paar Schiffe laufen. Das Mädchen wuchs wohlbehütet in einem Elternhause auf, das sie sorgfältig den Einflüssen der „Straße“ fernhielt.

Der Krieg und die Besetzung durch die Deutschen hatten vorübergehend die Einnahmen des Reeders Karajanis geschmälert, aber es war ein gewisser Bestand da, der über die schlechten Zeiten hinweghalf – Hunger hatte Athena nie kennengelernt. Als der König aus dem Exil zurückkehrte, blühte das Geschäft der Karajanis wieder auf; so verschmolzen Königsherrschaft und Wohlstand für das Mädchen zu einem untrennbaren Begriff.

Athena war achtzehn Jahre alt, als sie Wassiliki begegnete, dem Sohn eines Geschäftsfreundes der Karajanis, über den in der Gesellschaft allerlei seltsame Gerüchte umliefen, gegen die Athena geflissentlich die Ohren verschloß.

Sie war sterblich verliebt in den jungen Mann, was kümmerte sie das Geschwätz über ihn und seine verrückten Ideen!

In den ersten Wochen, seit sie sich kennen- und liebengelernt, unterhielten sie sich niemals über jene Absonderlichkeiten, die der guten Gesellschaft Gesprächsstoff lieferten; Athena wußte – neben dieser wichtigsten Tatsache, daß Wassiliki sie liebte – nichts von ihm, als daß er aus angesehener Familie stammte, klug und bele-

sen, gutmütig und friedfertig war; er studierte Rechtswissenschaften, er würde also einen geachteten Beruf haben – nun, was weiter?
Athena war mehr erstaunt als entrüstet, als eines Tages – sie erinnerte sich heute nicht mehr, wie sie auf dieses Thema zu sprechen kamen – der stille Wassiliki mit flammenden Worten ihr klarzumachen suchte, warum er Rechtsanwalt werden wollte: Anwalt der Armen, Verteidiger der unschuldig Eingekerkerten ... Sie konnte lächeln über seinen Eifer: Geld würde er nicht verdienen in den Armenvierteln, und wo gäbe es in unseren Gefängnissen Unschuldige?
Das Lächeln verging ihr bei seiner Antwort: Jene Schrecklichen, die sich Kommunisten nannten, die für sie, Athena, das Element der Zerstörung schlechthin bedeuteten, Ende eines wohlhäbigen und sinnvollen Lebens, wagte der Verblendete zu verteidigen!
Ihr kühles Erstaunen, ihre absolute Verständnislosigkeit, die den jungen Anwalt und seine Überspanntheiten einfach nicht ernst nahm, empörte Wassiliki – er hätte Athena verlassen, wäre er nur eben nicht so verliebt in sie gewesen.
Er gab nicht auf. Beharrlich kam er Tag für Tag auf das zurück, was ihn bewegte, und wirklich hörte Athena ihm zu, anfangs nur mit der ihrer Liebe entspringenden Duldsamkeit, später dann mit erwachendem Interesse.
Wassiliki führte Athena durch die Elendsviertel der Stadt, und das Mädchen, im Grunde weichen Herzens, war von den Bildern der Not erschüttert, die sich ihr boten und sie bis in ihre Träume verfolgten.
Einmal führte Wassiliki das Mädchen zu einer öffentlichen Hinrichtung; da wurden an der Friedhofsmauer am Rande der Stadt Männer und Frauen erschossen, die der Bewegung des freien Griechenland angehörten.
Wassiliki, der sonst so Gutmütige, Friedfertige, war grausam: Athena mußte aushalten bis zum Ende, mußte jeden Schuß hören, jeden blutüberströmt zusammenbrechenden Körper sehen – und sie stand, weiß bis in die

Lippen, schwer auf den Arm des jungen Mannes gestützt, mit aufgerissenen Augen vor dem gräßlichen Schauspiel.
Als die Exekution zu Ende war, brach Athena zusammen, ein Weinkrampf schüttelte sie; Wassiliki mußte die Verstörte in einem Wagen nach Hause bringen lassen, wo sie tagelang im Fieber raste. Dieser Zwischenfall sprach sich in der Gesellschaft herum, man ging Wassiliki aus dem Wege; sein Vater, von dem Boykott mitbetroffen, warf ihn aus dem Hause. Auch Athena begegnete man mit Mißtrauen, nur eine letzte Regung von Anhänglichkeit an die Eltern und die gewohnte Sorglosigkeit ihres Heimes hinderte sie, die behagliche Atmosphäre der Villa des Reeders zu verlassen und eigene Wege zu gehen.
Eines Tages traf sie Wassiliki nicht an dem Platze, den sie sonst täglich zu besuchen pflegten, um wenigstens ein paar Worte wechseln zu können, entgegen den Verboten und der Überwachung durch die alten Karajanis. Die Faschisten hatten die Stadt besetzt, tiefe Friedhofsstille lastete über den Straßen, aber es war die Stille vor dem Sturm.
Und der Sturm brach los. Zwei Tage später schon raste die Flamme des Aufruhrs durch die Stadt; die Häuser der Arbeiterviertel verwandelten sich in feuerspeiende Bastionen, und das Pflaster rötete sich vom Blut der kämpfenden Griechen.
Mächtige Wogen schlug die Empörung gegen die Königsherrschaft, von denen indes nur schwache Ausläufer bis zu den weißen Villen am Stadtrand drangen, die inmitten blütenüberwucherter Gärten träumten. Athena schlief kaum noch während dieser unruhevollen Tage, verzehrende Angst um Wassiliki, den sie unter den Aufständischen wähnte, hielt sie wach; stundenlang stand sie hinter den zarten Vorhängen ihres Fensters, spähend, ob nicht – Gott weiß, durch welche Schickung – der Geliebte erscheinen möge ...
Eine Woche später brach der Aufstand zusammen. In dieser Nacht, da zum ersten Male das Gewehrfeuer in der In-

nenstadt verstummt war, klopfte jemand an das Fenster. Sie öffnete sofort, da sah sie Wassiliki an die Mauer gelehnt, in zerfetzter Jacke, mit totenbleichem Gesicht, in das wirr und schweißnaß schwarze Haarsträhnen hingen. Wortlos ließ sie ihn ein, sie wußte schon alles.

Eine schreckliche Wandlung war in Wassiliki vorgegangen, keine Spur der gewohnten Gutmütigkeit fand Athena in seinem schmutzigen, unrasierten Gesicht; er erklärte nichts, bat um nichts, er forderte; Athena solle ihn verbergen, bis sich ihm eine Gelegenheit böte, unbekannt die Stadt zu verlassen und in die Berge zu fliehen.

Athena war entsetzt. Vielleicht war es die Härte der Forderung, die sie empörte; vielleicht war es Zaghaftigkeit, die auch den Gefestigten in Stunden der Entscheidung überfallen kann? Nein, nein, nichts von alledem! Heute, da Athena sich nicht mehr belog, wußte sie: Nichts als Feigheit, kleinliche Sorge um das eigene Wohlergehen hatten sie damals bewogen, den Geliebten zurückzuweisen.

In dem Augenblick, da sie Wassiliki irgendwo im Hause verbarg – was durchaus möglich gewesen wäre –, hätte sie alle Brücken zu ihren Eltern abgebrochen, wäre sie endgültig aus der Bahn ihres sorgenfreien Lebens geworfen worden. Und wie, wenn man ihn bei ihr fände, sie als Mitschuldige verhaftete? Der Tod wäre ihr sicher …

Wassiliki beschwor sie bei ihrer Liebe zu ihm, bat verzweifelt – vergebens: Sie verhärtete ihr Herz gegen seine Bitten, suchte hundert Ausflüchte und flehte ihn an, er solle gehen, er werde schon aus der Stadt kommen und Sicherheit finden, nur hier nicht, im Hause ihrer Eltern, die, entdeckten sie den Flüchtling, sie beide erbarmungslos der Polizei ausliefern würden.

Der Mann ging.

Das Mädchen, allein geblieben, warf sich auf ihr Bett, sprang wieder auf, eilte zum Fenster: Sie konnte durch die üppigen Büsche und Bäume des Parks nicht die Straße erkennen, aber sie glaubte zu wissen, daß er noch

immer dort am Gitter stand, darauf wartend, daß sie ihn doch einließe. Sie quälte sich mit Vorwürfen, schwankend zwischen Mut und Feigheit, war jetzt bereit, ihn zu rufen, preßte die Hände über Augen und Ohren: Nichts sehen, nichts hören, nichts denken! Sie versuchte, sich gegen ihn zu empören: Wie konnte er sie vor eine solche Entscheidung stellen, sie mit hinabreißen in den Abgrund der Aussichtslosigkeit seines Kampfes, ihr Leben aufs Spiel setzen – er, der vorgab, sie zu lieben!
Von tausend widerstrebenden Gefühlen gefoltert, sank sie endlich in kurzen Halbschlaf, aus dem sie gegen Morgen wüster Lärm schreckte: Schüsse, Gebrüll, Kommandorufe, über all dem plötzlich aufschrillend der Schrei eines Mannes in Schmerz und höchster Not.
Athena stürzte zum Fenster, sprang hinaus, hastete zur Straße – zwischen zwei Soldaten hing ein Mann in zerrissenen Kleidern. Sie wußte, wer der Verhaftete war, noch ehe sie im aufsteigenden Lichte seine Züge erkannt hatte; über seine Wangen sickerten schmale Rinnsale von Blut.
Sie schrie herzzerreißend.
Sie hatte ihrem sinnlos gewordenen Leben ein Ende setzen wollen; nur die Hoffnung, doch noch einmal etwas über Wassilikis Schicksal zu erfahren, hielt sie aufrecht. Es verging auch kaum eine Woche, da erzählte man sich, flüsternd hinter vorgehaltener Hand, der junge Wassiliki sei nach Makronissos gebracht worden.
Die Faschisten hielten zwar streng geheim, was in diesem ihrem KZ geschah, die wenigen Gerüchte jedoch, die davon durchsickerten, genügten, daß einem die Fingernägel blau wurden vor Grauen.
Am selben Tage, da der alte Karajanis bei Tisch, wie nebenbei hingeworfen, Wassilikis Überführung auf die Insel des Todes erwähnte, verließ Athena ihr Elternhaus ohne Abschied.
Sie mußte einen Teil der ungeheuerlichen Schuld tilgen, die sie auf sich geladen hatte; sie meldete sich bei einer Partisanenabteilung. Sie wurde eine der Tapfersten unter

den Tapferen, aber ihre Kühnheit entsprang der Verzweiflung; zwar suchte sie nicht den Tod, aber sie ging ihm auch nicht aus dem Wege. Sie war erfüllt von fatalistischem Glauben an ihre Bestimmung: Täglich forderte sie das Schicksal heraus. Sollte es ihr bestimmt sein, in dieser oder jener Schlacht zu fallen, sie würde sterben ohne Auflehnung. Bis dahin galt es sich zu rächen: an den Eltern und den ihnen gleichen Menschen und an den Soldaten, die Wassiliki mordeten, wie sie Tausende derer gemordet hatten, die Wassiliki seine Genossen nannte. Die Menschen ihres früheren Lebenskreises wie auch die faschistischen Soldaten waren eins für Athena, die Verkörperung des Bösen schlechthin: Die einen hatten sie so erzogen, daß sie in der Stunde der Bewährung kläglich versagen mußte; die anderen töteten auf Befehl – Mörder diese wie jene ...

Helena hatte stumm gelauscht, mit halboffenem Munde; jetzt fand sie kein Wort des Vorwurfs, aber sie konnte sich auch keine Äußerung des Mitgefühls abzwingen. Sie murmelte etwas von Dank, Dank für das Vertrauen, das Athena ihr bewiesen, aber es klang ganz hölzern, war nur eine Höflichkeitsfloskel, und die Frau wußte es. Der knappe Dank traf sie tiefer als das härteste Urteil, sie ließ Helena stehen, ging mit schleppenden Schritten und gekrümmtem Rücken zum Walde. Helena, wie sie die andere in der grünen Umarmung des üppigen Buschwerkes versinken sah, atmete auf, jetzt erst regte sich Mitleid in ihr, dennoch suchte sie vor sich selbst nicht nach einer Rechtfertigung Athenas.

Helena blieb in sich gekehrt; als sich Costas im Lager ihr näherte, lächelte sie, wandte ihm den Rücken.

Der Junge stand mit langem Gesicht, begriff nichts. Trotzig warf er die Lippen auf: Laß sie laufen, das launische Ding ... Aber es kratzte ihn doch, und er blieb übler Stimmung bis zum Abend.

Da lag er neben Helena – sie hatte ihm ihre Decke überlassen wie in der ersten Nacht – und hoffte, Stille und Dunkelheit möchten das Ihre dazu beitragen, das Mäd-

chen aus seiner seltsamen Verkrustung zu lösen.
Costas berührte Helenas Schulter. „Du ...“ Das Mädchen lag stocksteif, nur ihre unregelmäßigen Atmenzüge verrieten, daß sie nicht schlief.
„Helena“, flüsterte der Junge, „warum siehst du mich nicht mehr an? Gestern warst du ganz anders.“ Keine Antwort. Der Junge rückte näher heran, da sagte Helena leise: „Laß doch. Das hat doch alles keinen Zweck ...“
Sie dachte gequält: Warum hat Athena nicht geschwiegen? Warum ist Sikas so streng? Warum zerren sie alle an mir herum? Nun fürchte ich mich vor mir selbst, und ich darf Costas nicht mehr zuhören ... Er soll nicht mit mir sprechen – das ist doch alles sinnlos, nichts als Unglück wird das bringen.
Costas hatte sich halb aufgerichtet, er fragte töricht: „Was hat keinen Zweck?“
Er tastete hinüber zu Helena und legte seine Hand an ihre Wange, deren Haut unter seinen Fingern brannte. Das Mädchen warf den Kopf herum und biß Costas in die Hand, daß er die Lippen zusammenpressen mußte, um nicht aufzuschreien. Er fiel zurück, eine eiskalte Woge der Enttäuschung schlug über ihm zusammen.

Der alte Iraklis kam ins Lager.
Steifbeinig rutschte er aus dem Sattel, und im Nu waren er und sein Esel umringt von den Partisanen. Sie alle kannten ihn: Iraklis und sein Esel Filos, „Freund“, waren während des letzten Jahres fast legendäre Gestalten geworden, man sprach von ihnen an allen Lagerfeuern im Norden und Süden Griechenlands; nicht genug wußte man ihre Verschlagenheit zu rühmen, die Umsicht und Tapferkeit, mit der sie sich durch das von faschistischen Truppen besetzte Gebiet schlugen, stets von Entdeckung bedroht, doch immer dem Tod zu entwischen verstanden.
Neugierig kam auch Helena herbei. Sie hatte so viele Lobreden auf den alten Iraklis vernommen, daß sie erwartete, einem Helden zu begegnen, einem trotz seines ho-

hen Alters hünenhaften Manne. Nun war sie enttäuscht: Da stand, den greisenhaft zitternden Arm auf den Rükken seines Esels gestützt, ein uraltes, vertrocknetes Männchen von kümmerlicher Gestalt; das fleischlose Gesicht wirkte im Verein mit dem kahlen Schädel wie ein Totenkopf, den eine ungeschickte Hand nachlässig mit schlotternder Haut überzogen hat.

Helena schauderte zurück vor diesem Anblick; die entzündeten Lider des Uralten, in deren fransigen Wimpern immer Tränen hingen, erfüllten sie mit Widerwillen. Der Esel, jener sagenhafte Filos, machte auch keinen besseren Eindruck als sein Herr; klapperdürr war das Tier, der Bauch aufgetrieben wie vollgepumpt mit ungeheuren Wassermengen.

Helena war überrascht von der Herzlichkeit, mit der Tadschidis den Iraklis begrüßte, beide Hände ihm schüttelnd, und von der Achtung, mit der er den Greis zum Feuer geleitete. Filos zottelte hinterher, trüb baumelte sein enthaarter Schwanz, nur die unruhig spielenden Ohren verrieten Feuer, und das Mädchen, das sich auf Tiere verstand, stutzte vor den verwirrend lebendigen Augen des Esels; sie erinnerte sich mit einem Male der Sagen ihrer Mutter: Manchmal fährt die Seele eines sündigen Menschen nach seinem Tode in den Körper eines Tieres …

Costas schlenderte herbei, Hände in den Taschen vergraben; er stieß Helena an. „Ach, du lieber Himmel …“ Es war grenzenlose Verachtung in seiner Stimme.

Genosse Sikas beobachtete mißbilligend die beiden Jungen, die vor unterdrücktem Lachen bersten wollten, als der Esel schnaufend neben seinem Herrn in die Knie ging, plump zusammenfallend wie ein Sack voller Knochen.

Sikas hob den Finger auf gegen die beiden. „Was gibt es da zu lachen? Bis auf die Erde verneigen solltet ihr euch vor diesem Manne – ja, und auch vor seinem Esel –“

„Na, na …“, machte Costas, den selbst die kühlen grauen Augen des alten Mannes nicht einschüchtern konnten.

Sikas' hellhäutiges Gesicht rötete sich. „Da seht ihr einen Helden, ihr Grünschnäbel, an dem könnt ihr euch ein Beispiel nehmen." Und mit einem Blick in ihre ungläubigen Gesichter: „Meint ihr, ein Held müßte immer ein Achilles sein mit Schultern wie ein Stier? Der alte Iraklis hat mehr für unsere Sache getan als mancher junge starke Kerl. Ich erinnere mich noch, wie er damals zu uns kam – helfen wollte er um jeden Preis, und er konnte doch nicht einmal einen Karabiner halten, geschweige denn schießen. Er wußte wohl auch nichts von den Lehren unserer Partei, aber Demut und Entbehrungen eines achtzigjährigen Lebens mögen ihm Lehrmeister gewesen sein. Er hat uns keine Ruhe gelassen – endlich haben wir ihn als Melder eingesetzt. Er schwört, sein Filos sei klug wie ein Mensch, und es muß auch ein Körnchen Wahrheit darin sein. Filos hat er es zu verdanken, daß er hundertmal schon um Haaresbreite dem Strang entgangen ist."
„Wieso?" fragte der Junge.
„Nun, er hat eine List ausgedacht: Hat er eine Meldung zu überbringen, so dreht er den Zettel zu einem winzigen Röllchen zusammen, das er Filos in ein Ohr schiebt. Keine Streife ist ihm hinter die Schliche gekommen. Über ein Jahr schon zieht er mit Filos durch das Land, hält Verbindungen aufrecht, überbringt wichtige Befehle von einer Einheit zur anderen, kein Wunder, daß er seinen Esel liebt wie einen Sohn. Er steht ja auch seit Jahren ganz allein in der Welt."
Der Junge und das Mädchen blickten hinüber zu Iraklis, der eben aufstand, achtungsvoll gestützt von Tadschidis, und mit Trippelschritten zu seinem Esel ging. Mit seinem schmierigen Jackenärmal wischte er sich das rinnende Wasser von den roten Lidern, bückte sich ächzend und zog aus dem rechten Ohr des Tieres einen vielfach gefalteten Zettel, den er dem Kommandeur überreichte.
Costas und Helena drängten sich durch die Männer und Frauen, die die Gruppe umstanden, und betrachteten mit großen Augen abwechselnd den Greis, der sich suchend im Kreis umblickte, und den Kommandeur, dessen Ge-

sicht sich mehr und mehr aufhellte, je weiter er, mühsam buchstabierend, den Zettel las.
Plötzlich brach Athena durch die Reihen, mit beiden Armen die Kameraden zur Seite schiebend. Das blonde Haar zottelte unordentlich um ihr Gesicht, auf dem sich Angst und Hoffnung stritten. Iraklis, wie er sie erkannte, zuckte zusammen. „Athena Karajanis!“ Er streckte ihr beide Hände entgegen.
Athena umklammerte diese Hände mit der Gebärde einer Ertrinkenden, ihre aufgerissenen Augen suchten in den welken Zügen des Mannes, erstickt fragte sie: „Iraklis ...?“
Iraklis fuhr sich mit dem Ärmel über die Augen, vielleicht waren es jetzt wirklich Tränen, die in seinen fransigen Wimpern hingen.
„Genossen!“ rief Tadschidis.
Iraklis trippelte an ihm vorüber, der Schlucht zu. Er winkte, und Athena folgte ihm mit unsicheren Schritten.
„Genossen, der Weg wird frei – eine Division ist im Anmarsch – morgen brechen wir auf!“
Der aufbrandende Jubel übertönte den Schrei der Athena.
Die Partisanen schüttelten einander die Hände; der Mißmut, der so lange ihre Mienen überschattet hatte, war verflogen, sie lachten und schrien durcheinander, geschäftig rannten sie, brennend vor Ungeduld, sich jetzt schon marschbereit zu machen.
Athena Karajanis tastete sich durch die Schlucht wie eine Blinde, hilflos die Hände vorgestreckt, tonlos flüsterte sie: „Wassiliki, Liebster ...“ Sie stieß gegen einen Stamm, brach in die Knie und schlug mit der Stirn auf den Boden. Minutenlang blieb sie liegen, kraftlos, mit geschlossenen Augen, wimmernd wie ein Kind. Und in diesen wenigen Minuten mußte sie noch einmal alles durchleben: Die Stunden des Glücks mit dem Manne, die Bitternis jenes Augenblicks, da sie ihn verriet; auf kleinsten Zeitraum zusammengedrängt tausendfache Pein der letzten

Jahre, in dem sie vergebens ihr Verbrechen zu sühnen versucht hatte.
Wassiliki tot! Keine Hoffnung mehr, jemals wieder seine Stimme zu hören, seine guten, klugen Worte; keine Hoffnung mehr, jemals wieder sein Gesicht zu sehen, seine Augen ... Alles war sinnlos geworden ohne ihn, nichts gab es mehr auf dieser Welt, wofür zu leben und wofür zu warten sich lohnte.
Von weit her trug der Wind die Stimmen der Kameraden. Athena hob mit unsäglicher Anstrengung den Kopf und lauschte. Aber es gab keinen Weg zurück zu jenen, an deren Seite sie bis heute gekämpft, nichts band sie mehr an diese Fremden – die Schuld hatte sich als unübersteigbares Gebirge aufgerichtet zwischen ihr und den anderen.
Die Frau griff nach ihrer Pistole und hielt sie dicht vor die Augen, als sähe sie die Waffe heute zum ersten Male, sie dachte verwundert, daß dieser kleine, schwarze, böse funkelnde Tod in ihrer Hand Ruhe verhieß und endliche Erlösung.
Sie setzte die Mündung der Pistole auf ihre Stirn, zwischen die Augen. Sie schauderte zusammen unter der Berührung des kalten Stahls, die sich durch ihren Körper fortpflanzte und mit spitzen Fingern nach ihrem Herzen griff.
„Athena! Athena!“
Vor Jahrhunderten hatte sie diese Stimme gekannt, sie gehörte einem Mädchen, das hieß Helena Zachanidis, aber die ging sie jetzt nichts mehr an.
Der Hilferuf des Mädchens erreichte Athena Karajanis nicht mehr.
Costas umklammerte den Arm Helenas, die mit trockenen Augen auf die Tote schaute. In dünnen Fäden lief das Blut über das seitwärts geneigte Gesicht und versikkerte im Haar.
Dem Jungen, der, für alles Schöne rasch entflammt, manches Mal mit Bewunderung der Athena nachgestarrt hatte, zog es das Herz zusammen. „Wenn wir nur eine Minute früher gekommen wären! Mein Gott, nur eine

einzige Minute …"
Helena schüttelte den Kopf. Sie zauderte, dann sagte sie doch: „Sie konnte dem wohl nicht entgehen." Und mit einem Ausdruck von Unversöhnlichkeit, der den Jungen befremdete, setzte sie hinzu: „Ich glaube, sie hat auch nie so recht zu uns gehört."
Trotzdem kniete sie nieder und schloß die Augen der Toten. Sie dachte: Nun hat sie sich selber gerichtet. Vielleicht war es wirklich der einzige Ausweg. Vielleicht hätte sie bei uns bleiben sollen, gerade jetzt. Ich weiß es nicht … Sie hob den Blick zu Costas, und ihr Herz brannte, so überwältigte sie die unvermittelt aufspringende Erkenntnis, daß sie Costas nicht ausweichen konnte, ihm nie mehr ausweichen würde. Wie hatte Athenas Schicksal sie erschrecken können? War Costas ihr nicht verbunden durch die gleiche Idee, kämpften sie nicht gemeinsam für gemeinsames Glück? Alles mußte gut werden.
Helena schlug das Kreuz über Athenas Brust, sie erhob sich und trat zu Costas. Er deutete stumm auf ihre Hand, deren Fingerspitzen gerötet waren. Sorgfältig wischte Helena das Blut an ihrer Uniformjacke ab.
An der Seite des Jungen ging sie zum Lager zurück. Es blieb während des ganzen Weges ein Schritt Abstand zwischen ihnen, aber es war doch so, als gingen sie Hand in Hand.

Endlich stiegen die Versprengten, aus ihrem Felsennest befreit, hinab in die Ebene, erschöpft und glücklich. Hier unten strich noch der milde Atem des nahen Meeres über die Felder, die Weinberge und Olivenhaine.
In der ersten Nacht traf es sich, daß Helena und Costas, die ohnehin ständig beisammen waren, zur gleichen Zeit Wache hatten und in einiger Entfernung voneinander patrouillierten. Hatten sie ihre Runde abgeschritten, so trafen sie, der eine aus östlicher, der andere aus westlicher Richtung kommend, unter einem breit ausladenden Maulbeerbaum zusammen, nickten sich zu, wechselten ein paar Worte und gingen wieder auseinander.

Der Junge, unruhig und von tausend bunten Gedanken bewegt, ließ es an der nötigen Aufmerksamkeit fehlen; so konnte es geschehen, daß er, an einem ausgedehnten Oleandergebüsch vorüberschlendernd, nahende Schritte überhörte und erst stutzte, als keine fünf Schritte von ihm entfernt unter schwerem Tritt Zweige knackten.
Der Junge, tief erschrocken, hob den Karabiner und rief halblaut ins Dunkel: „Stehenbleiben – oder ich schieße!"
Keine Antwort. Wieder brach es im Gebüsch; Costas lauter nun und entschiedener, wiederholte, wie vorgeschrieben, einmal und noch einmal seine Warnung.
Jetzt war das Geräusch ganz nahe, der Junge starrte mit schreckgeweiteten Augen in das wildwuchernde Gesträuch, hob mit plötzlichem Entschluß die Maschinenpistole und feuerte in die Oleanderbüsche.
Dumpf brüllte eine Kuh.
Helena, von den Schüssen herbeigerufen, fand den Jungen über das verendete Tier gebeugt.
Costas blickte mit todunglücklichem Gesicht auf, er murmelte: „Und ich habe gedacht, es wäre ein Feind ..." Gedankenlos fügte er hinzu: „Ich glaube, sie ist durchlöchert wie ein Sieb."
Helena lachte laut heraus; sie lachte noch immer, als Tadschidis mit zwei, drei Partisanen aus der Nacht tauchte und den unglücklichen Schützen wegen seines Mißgeschicks über Gebühr heftig tadelte.
Der Junge war ganz bleich geworden, er wagte kein Sterbenswörtchen gegen den Älteren, aber Helena sah mit Befremden ein wildes Funkeln in seinen schmalen braunen Augen, und schweigend entfernte sie sich.
Am nächsten Morgen gab es viel Gelächter wegen der erschossenen Kuh, und Costas schlich voll Scham und Zorn beiseite, sobald wieder einer die Rede auf einen gewissen tapferen Wachposten brachte. Und er vergaß es dem Tadschidis nicht, daß der ihn in Gegenwart von Helena gescholten hatte wie einen dummen Jungen.
Costas Chalkidis hatte freilich bald Gelegenheit, die Scharte auszuwetzen. Es gab nun Tag für Tag Gefechte

mit faschistischen Truppen, und Costas zeigte eine Tapferkeit, die an Tollkühnheit grenzte und das Lachen über jene nächtliche „Heldentat“ bald verstummen machte. Die Zeit des Gesanges an abendlichen Lagerfeuern war vorüber, jetzt sprachen die Gewehre, und die Nächte bluteten von fernen Bränden.

Costas und Helena kauerten im Schützengraben, den Rücken gegen die bröckelnde Wand gestemmt, und über ihnen hingen, taghell die Nacht lichtend, Schnüre vielfarbiger Leuchtraketen.
Helena sagte gedämpft und ohne den Jungen anzusehen: „Du solltest mehr auf dich achtgeben, Costas. Manchmal habe ich Angst um dich.“
„Wirklich?“ Er haschte nach ihrer Hand. „Ich tue doch alles nur deinetwegen, Helena, das weißt du. Ich werde dir schon beweisen, daß ich kein Feigling bin.“ Und bitter: „Du hast mich damals auch ausgelacht ...“
Weit fort knatterte ein Maschinengewehr. Dann war wieder Stille. Helena sagte: „Aber du kämpfst für Griechenland, Costas, nicht für mich.“
Er legte ihr sanft den Arm um die Schulter. „Du bist doch Griechenland, Helena ... Versteh: Griechenland – das sind nicht nur die Städte und die Dörfer und Weintrauben und Oliven und all das. Griechenland – das bist auch du, Schwarzäugige ... Warum trägst du deine Zöpfe immer um den Kopf gesteckt! Ich möchte mal sehen, wie lang dein Haar ist – bis zu den Hüften, wie? Oder noch länger?“
Widerstrebend zog sie, doch mit halbem Lächeln die Nadeln heraus, und die schweren Zöpfe glitten gleich zwei blauschwarzen Schlangen über ihre Brust, sich ringelnd bis hinab zu den Hüften.
Costas wog die Zöpfe in der Hand. „Du, da steckt aber eine Masse Haar drin! Und weich ist es – wie Seide. Nein, weicher noch – wie Spinnengewebe ... Sag, wärest du sehr traurig, wenn ich sterben müßte?“
„Ja, Costas, ich wäre traurig.“

„Und warum?"
Sie zögerte. „Ich weiß nicht, Costas." Sie schlug ihn auf die Finger. „Ach, du Kindskopf, was machst du da? Das darfst du nicht!" denn er hatte still und emsig begonnen, ihre Zöpfe aufzulösen, und strähnte das lange Haar mit allen zehn Fingern.
„Hab dich nicht so, du – ich singe dir auch wieder ein Lied, du darfst dir wünschen, welches."
„Pah, was mich deine Lieder schon kümmern! Und überhaupt konnte Nikos viel besser singen als du –"
Sie schrie leise auf: Costas hatte sie schmerzhaft in den Arm gekniffen. Da stand Tanassis vor ihnen wie aus dem Boden gewachsen und sagte mürrisch: „He, ihr Nachtvögel, warum schlaft ihr nicht? Ein Gekicher ist das die ganze Nacht, man kann nicht zur Ruhe kommen! Was gibt es da immerfort zu flüstern?"
Hastig flocht Helena ihre Zöpfe, sie wagte nicht aufzuschauen. Und Tanassis verschwand, sein Schmunzeln den beiden zu verbergen. Er hörte noch das unterdrückte Kichern hinter seinem Rücken und die Stimme Costas', die, den Mann nachahmend, in tiefem Baß brummte: „He, du Nachtvogel, schlaf gefälligst."
Tanassis stieß nach wenigen Schritten auf Tadschidis; der stand mit gerunzelter Stirn vornübergebeugt wie in angespanntem Lauschen und fragte, als er den Bruder der Helena erkannte, schnell sich aufrichtend: „Wo stecken die beiden schon wieder?"
Tanassis brauchte nicht zu fragen, wer gemeint sei, er antwortete rasch und überzeugend: „Sie schlafen, Stawros, die Kinder schlafen", und er betonte „die Kinder" so eigentümlich, daß Tadschidis, begreifend, mit heftiger Schulterdrehung sich abwandte und eilig davonging.
Viel später erst schlich Stawros Tadschidis, da er sich unbeobachtet wußte, geduckt durch den Schützengraben und fand die beiden schlafend, in unbequemer Stellung an die Wand gelehnt.
Der Kopf des Mädchens ruhte an Costas' Schulter, er hielt sie mit einem Arm umfangen, und ihre Hände ruh-

ten einträchtig im Schoße der Helena.
Ganz tief beugte sich der Mann hinab, um im ungewissen Licht der am Himmel zuckenden Leuchtspuren die Züge der Schlafenden zu betrachten. Da seufzte das Mädchen auf und drückte den Kopf noch fester an die Brust des Jungen.
Der Mann fuhr empor wie auf einer bösen Tat ertappt, er wußte mit einem Male, daß er wünschte, der junge Chalkidis möge eines Tages nicht zurückkommen aus einer Schlacht, und er schauderte doch, der gegen sich selbst wie gegen andere Strenge und Gerechte, vor dem gräßlichen Gedanken, der seinem Gehirn entsprungen war fast wider seinen Willen.
Bis zum Morgengrauen irrte er blaß und verstört über das brachliegende Feld, und er fluchte sich und seinen grausigen Gedanken, und dennoch vermochte er, als er zu früher Stunde prüfend durch die Stellung ging, seine Blicke von den beiden Kindern nicht loszureißen, die ganz vergnügt am Grabenrand saßen und einander die wenigen Bissen Brot aufdrängten, die ihnen zugeteilt worden waren.

Die Sonne blinzelte matt hinter einem leichten Dunstschleier, mit dem sich der Himmel bezogen hatte.
Ihr milder Schein verlieh der Ebene sanfte Goldtönung, ein paar pastellene Wölkchen schwebten über dem Dorfe Suflis.
Nur im Unterbewußtsein empfand Costas das Wundersame dieses spätherbstlichen Nachmittags, ohne daß sein Empfinden sich zu Gedanken verdichtet hätte. Er war erfüllt von einer schmerzhaften Spannung, die in ihm, dem zum Sehen Begabten, jeglicher Schönheit Aufgeschlossenen, jedes andere Gefühl zurückdrängte – auch das Bild dieser feingegliederten Landschaft, aus der eine Gruppe schwarzer Zypressen wie Rufzeichen ragte.
Als der Revolverschuß knallte, seltsam dünn unter dem hohen Dunsthimmel, zerriß die Spannung wie eine allzu straff gezogene Saite. Der Junge schnellte empor. Rechts

und links von ihm rannten Partisanen, in einem schmalen Waldstreifen am Rande von Suflis wummerte ein schweres Geschütz.
In tödlich gleichmäßigem Rhythmus tackten Maschinengewehre. Der Junge jagte auf eine Feldscheune zu, aus deren engen Lucken unaufhörlich lange Feuerstöße brachen. Das Hemd klebte ihm am Leibe, er duckte sich unter dem wilden Geheul der Granaten, das die Luft zerfetzte. Wenige Meter vor ihm krepierte ein Geschoß, Steine und Sand regneten auf den Jungen, der von einem heftigen Schlage getroffen taumelte, stürzte und in die flache Mulde einer eingesunkenen Fuchshöhle rollte.
Er fiel auf eine weiche, dunkle Masse, griff in klebriges Blut und fluchte vor Schreck und Erleichterung.
Der Mann unter ihm stöhnte. Costas richtete sich auf, es gab ihm einen Riß durch und durch: Da war Tadschidis, der lag verkrümmt, mit geschlossenen Augen, und Blut rieselte über sein breites Gesicht, das selbst jetzt noch den Ausdruck schiefen Lächelns festhielt.
Es gab ein strenges Gesetz bei den Partisanen: Jeder einzelne war verpflichtet, verwundete Kameraden aus dem Feuer zu tragen, sei es unter Einsatz des eigenen Lebens. Das wußte Costas, und er hätte nicht gezögert, wäre dieser hier ein Fremder gewesen. Aber es war Tadschidis, den er haßte und fürchtete, der ihn gescholten hatte wie einen dummen Jungen, der das Mädchen Helena anschaute wie ein Liebender, den – schlimmer noch – dieses Mädchen verehrte wie keinen Zweiten.
Der Junge spähte über den Rand der Grube. Die Kette der Stürmenden, kaum noch sichtbar hinter dem Vorhang von Rauch und grauen Staubfontänen, brach sich an der Mauer der Feldscheune. Das Feuer aus den Luken war verstummt, jäh schoß eine knatternde Flamme aus dem Schindeldach. Vorwärts hasteten die erdbraunen Gestalten der Partisanen. Niemand hatte Costas stürzen sehen, niemand wußte, daß er hier den Kommandeur gefunden, er hätte jetzt aufspringen und weiterlaufen können – den Kameraden nach, auf Suflis zu.

Der Junge umklammerte seine Maschinenpistole, er konnte den Blick nicht von dem zerstörten Antlitz des Kommandeurs lösen. Da vorn, ein Glied dieser Kette, ist Helena. Er will bei ihr sein, sie schützen, er will diesen Mann hier vergessen. Er hat nichts gesehen, nichts gehört von ihm; es wird kein Kläger gegen ihn sein und kein Richter ...

Tadschidis ächzte, sein Kopf fiel haltlos zur Seite. Er ist ein tapferer Mann, er hat seine Einheit geführt mit Umsicht und Kraft und Gerechtigkeit; nun wird er hier sterben, ohne erfahren zu haben, daß einer bei ihm war, der den Tod von ihm hätte fernhalten können ...

Und am Abend wird Costas vor Helena stehen, sie wird fragen: „Wo ist Tadschidis?“, und Costas weiß ganz sicher – oh, er kennt sich, er kann nicht lügen –, er wird rot werden, sinnlos stammeln, sich verraten ... Wie Helena hassen, wie sie verachten kann! Er spürt jetzt ihren Blick auf sich, der ist kalt wie Eis vor Verachtung und brennt ihm doch auf der Stirn wie höllisches Feuer, er muß sich diesen Blick aus dem Gesicht wischen. Seine Finger waren feucht von Schweiß.

Costas warf die Maschinenpistole auf den Rücken, er wuchtete den schweren Körper des Mannes hoch und zerrte ihn über den Rand der Grube. Er legte sich die Arme des Mannes um den Hals und schleppte ihn, dessen Füße im Staub nachschleiften, auf dem Rücken zurück in die eigenen Linien. Und während dieses ganzen martervollen Weges, da er, keuchend vor Anstrengung, den Besinnungslosen trug, war er sich bewußt, daß er ihn haßte und seinen Tod wünschte.

Aber er trug ihn auf seinem schmalen Knabenrücken die vielen hundert Meter zum Schützengraben und kehrte erst um, als er ihn in guten Händen und gerettet wußte.

Er fand Helena, aber mußte – als sei dieser Tag noch nicht bis zum Rande mit Qual erfüllt gewesen – erleben, wie das Mädchen einen Panzer sprengte.

Die Sonne verblutete am Horizont, nur noch vereinzelt fielen Schüsse, die Partisanen mußten sich zurückziehen.

Brandgeruch schwängerte die Luft. Das zerfetzte Geschützrohr des Panzers starrte gleich einer phantastischen Blume mit grotesk gezackten Blättern gegen den erlöschenden Himmel.
Costas hielt das zitternde, erschöpfte Mädchen in den Armen, er betastete ihr Gesicht, ihren Körper, er stammelte: „Helena, Liebste, du bist am Leben? Du bist nicht verwundet?“ Und er schluchzte wie ein Kind, überwältigt von dem Wunder ihres Daseins.
Bei Anbruch der Nacht waren die Partisanen geschlagen.

Helena fand Tadschidis im Schützengraben; er schien noch bewußtlos, sein Gesicht war fast so weiß wie der Verband, auf dem durchsickerndes Blut zu blaßroten Flecken zerfloß.
„Stawros!“ rief das Mädchen, ihre Stimme war schrill vor Schreck, und in ihrem Gesicht flatterte die Angst so unverhüllt, daß Costas bis in die Lippen erblaßte.
Helena kniete nieder und schob ihre Hand unter den Nacken des Tadschidis. „Stawros, Stawros ...“ Er hob die Lider, aber seine Augen, schwarze Flecke auf opalenem Weiß, blieben blicklos.
Sie wandte sich, noch immer kniend, zu Costas um. „Muß er sterben?“ fragte sie tonlos, und sie sah zu dem Jungen auf mit kindlich trostlosem Blick, hinter dem dennoch Hoffnung schimmerte und der Wunsch, der andere möge durch ein gutes Wort diese Hoffnung zur Gewißheit machen.
Der Junge stand mit hängenden Armen: Da kauerte Helena in ihrer schlechtsitzenden Uniform, die lose um die schlanken Glieder schlotterte und ihren Bewegungen einen Ausdruck von Hilflosigkeit und Niedergeschlagenheit verlieh, daß Costas, bewegt und erbittert zugleich, dachte: Wie sie sich um ihn sorgt, wie sie um sein Leben bangt – ach, hol ihn der Teufel!
Er preßte die Lippen zusammen, die Qual seines Herzens nicht unbedacht durch eine gehässige Antwort zu verra-

ten, und schüttelte stumm den Kopf. Und dann, fürchtend, er möchte diesen Anblick nicht länger ertragen können, lief er davon, so rasch, daß der Ruf des Mädchens ungehört hinter ihm zerflatterte.

Helena blickte erstaunt dem Jungen nach, mit einem Male begriff sie, und sie erinnerte sich klar jenes Augenblicks im Kampf um Suflis, da Costas sie umschlungen hatte, stammelnd: „Helena, meine Liebste, du bist am Leben?“

Sie zögerte, den Verwundeten zu verlassen, dann sprang sie doch auf die Füße und lief dem Jungen nach.

Costas lag unter einem mächtigen Maulbeerbaum, dessen gefiederte Blätter mit winzigen schwarzen Händen in den zartgrünen Himmel winkten. Die Zweige hingen fast bis auf den Boden herab, Helena schob sie zur Seite wie einen raschelnden Vorhang. Sie erkannte nun deutlich die schlanke Gestalt des Jungen, der sich auf den Bauch gewälzt hatte und trübselig auf vertrockneten schwarzen Beeren kaute, die der Herbstwind rings um den Stamm verstreut hatte. Er hörte wohl die leichten Schritte des Mädchens, aber er sah sich nicht nach ihr um, mit träger Bewegung hob er den Kopf und spuckte ein paar zerkaute Beeren gegen den Baumstamm.

Helena tippte ihn auf die Schulter; da erst fuhr er herum. Seine Augen funkelten, er schrie, und seine Stimme überschlug sich: „Was willst du denn von mir? Geh doch zu deinem Stawros ...!“

Helena stand bestürzt: „Warum bist du mir böse, Costas?“

„Meinst du, ich bin blind? Meinst du, ich sehe nicht, wie es mit dir und ihm steht? Verliebt bist du in ihn, du hast dich ja selbst verraten: Wie du geschrien hast, als er dalag mit seinem bißchen Verwundung!“

Das Mädchen, verletzt durch den höhnischen Ton, den der Bursche anschlug, trat einen Schritt zurück, da schnellte Costas empor und riß sie an beiden Händen zu sich heran. „Du sollst nicht wieder zu ihm gehen. Ich kann das nicht ertragen. Ich könnte ihn umbringen, wenn

ich seine Blicke sehe, sein Lachen, seine ganze Zärtlichkeit für dich!"
Das Mädchen suchte sich seinen Händen zu entziehen, aber er hielt sie fest mit der Kraft des Verzweifelten, er keuchte, sinnlos vor Wut: „Damit du es nur weißt: Ich habe ihn aus dem Feuer getragen, auf meinem Rücken habe ich ihn zum Graben getragen – und was ist der Dank? ‚Stawros' schreist du und hast dich um ihn, als wäre er halbtot, und barmst und schaust ihn an, als wäre er dir lieb wie dein eigenes Leben!" Er schüttelte sie. „Ich bin kein dummer Junge, ich lasse nicht mit mir spielen, Hexe! Warum starrst du mich so an?" Er ließ sie los.
Das Mädchen taumelte, kehrte sich wortlos ab. Er rief: „Helena!" und seine Stimme klang so, daß ihr Schritt stockte. Da war er schon bei ihr und umschlang sie. Er war kaum größer als sie, sie standen Gesicht an Gesicht, mit glühenden Wangen; Costas flüsterte: „Warum quälst du mich, Helena? Du mußt doch wissen, daß ich dich lieb habe …"
Sie legte den Arm um seinen Nacken und sagte einfach: „Ich habe dich auch lieb, Costas, seit dem ersten Abend schon – damals, als du zu uns kamst und gesungen hast, weißt du noch?" Er nickte stumm.
Gleichzeitig beugten sie sich vor, ihre Lippen berührten sich, ganz flüchtig nur, ganz scheu – es war ihr erster Kuß. Sie hatten so oft in ihren Liebesliedern vom Küssen gesungen, sie hatten so oft davon reden hören, das Wort konnte man so leichthin sagen, beinahe so, wie man „essen" sagt und „trinken" und „schlafen". Und nun war auf einmal alles ganz anders: Es war nichts Alltägliches mehr, nichts Leichtzusagendes; es war, als sei ein Funke übergesprungen von Mund zu Mund.
„Kannst du mir dein Ehrenwort darauf geben, daß du nichts mit dem Tadschidis hast?" fragte, zweifelnd noch, der Junge.
„Mein Ehrenwort", sagte das Mädchen.
Da küßte er sie noch einmal, glühend jetzt, wild und dennoch knabenhaft.

Eng umschlungen saßen sie im kurzen, dürren Gras, verborgen vom Vorhang der Zweige, und sie konnten nicht satt werden, einander zu küssen, und sie glaubten, es habe nie und nirgends auf der Welt jemals eine so große Liebe gegeben wie zwischen ihnen.

Tadschidis stemmte sich auf dem Ellenbogen hoch, gestützt von Tanassis, dessen runde schwarze Vogelaugen besorgt in dem bleichen Gesicht des Kommandeurs forschten. „Du solltest dich jetzt pflegen lassen, Genosse Stawros. Sikas hat das Kommando übernommen, es geht eine Zeitlang auch ohne dich."
„Du siehst doch, daß es nicht geht", knurrte Tadschidis. Seine Wangenmuskeln zuckten, aber in nichts sonst verriet sich der Schmerz, der seinen Schädel marterte.
„Suflis ist uneinnehmbar", sagte Tanassis, aber vor dem flammenden Blick des Kommandeurs mußte er die Lider senken.
„Es gibt keine Festung, die man nicht nehmen könnte."
„Du solltest nicht so eigensinnig sein, Stawros. Unnütz hetzt du unsere Leute in den Tod. Die Batterie vor Suflis läßt keinen Menschen heran."
Die Worte des anderen nicht beachtend, winkte Tadschidis dem alten Iraklis, der mit kleinen Schritten herantrippelte. „Sag es selbst, Iraklis, was befiehlt die Partei?"
Der Greis zog den Kopf zwischen die Schultern, er murmelte unsicher: „Du darfst dich nicht aufregen, Tadschidis."
„Ich rege mich überhaupt nicht auf", schrie der Mann, zuckte zusammen und griff sich stöhnend an die Stirn. Er senkte die Stimme. „Glaubt ihr, ich weiß nicht, was los ist? Bildet ihr euch ein, ich bin schon ein toter Mann? Wie die alten Weiber! Wir müssen Suflis nehmen, in dieser Woche noch – die Partei hat es befohlen, wir gehorchen." Er wurde schon wieder laut. „Zum Teufel, versteht ihr denn nicht, daß unser Vormarsch stockt? Sollen wir

ewig stehenbleiben vor dem verdammten Drecknest?“
Sikas, der bislang abseits gestanden hatte, trat herzu. „Nimm Vernunft an, Genosse Kommandeur! Das ist einfach Wahnsinn ... Ich bin wie du bereit, der Partei zu gehorchen, das habe ich oft genug bewiesen, aber wir müssen auch an die Menschen denken.“
Dieser Widerspruch von allen Seiten reizte Tadschidis noch mehr. Er biß die Zähne zusammen, stand ohne Hilfe auf und maß Sikas vom Kopf bis zu den Füßen. Auf seiner Stirn schwollen die Adern, er brüllte: „Ich werde euch zeigen, wie man eine Festung nimmt! Uneinnehmbar –“ Er lachte verächtlich. „Feiglinge, alle miteinander!“ Er schwankte, ruderte mit beiden Armen in der Luft und wäre gestürzt, hätte Tanassis nicht rechtzeitig zugegriffen und ihn gehalten.
Die Binde um Stawros’ Stirn rötete sich von frischem Blut. Sanft ließ Tanassis ihn zur Erde gleiten. Da lag der Mann, in ohnmächtiger Wut die Fäuste ballend, und im Bewußtsein seiner Hilflosigkeit hätte er weinen mögen: Daß er jetzt, da alles abhing von einer entschlossenen Führung, sich hätscheln lassen mußte wie ein kleines Kind ...
Sikas grübelte, sein hellhäutiges Gesicht schien zerfurchter noch als sonst. Er sagte langsam: „Ein Mensch kommt da nicht heran ... Wenn wir jemanden mit Sprengstoff hinüberschicken könnten – wenn nur zwei Geschütze ausfielen –“ Sein Blick flog, den anderen unverständlich, zu Iraklis.
Der alte Mann stand zur Salzsäule erstarrt, er hatte eher begriffen als die anderen. Er sah dem Sikas voll ins Gesicht und wiederholte: „Nein, ein Mensch kommt da nicht heran ...“ Und er erschrak tief, weil dies schon eine halbe Zusage war.
Sikas sagte ganz leise: „Man erzählt sich ja Wunderdinge von deinem Esel, Iraklis –“
Iraklis schluckte.
Nun hatten die anderen auch verstanden. Eine tiefe Stille war. Von einem zum anderen sah Iraklis, er tupfte sich

das Wasser von den entzündeten Lidern. Das konnten sie doch nicht wollen von ihm ...
Sie blickten ihn unverwandt an, sie warteten noch – sie würden ihn zu nichts zwingen, gewiß nicht ...
„Nein“, wollte der Alte schreien, und wieder „Nein!“ Aber er schwieg, er wußte ja schon, daß es keinen anderen Weg gab. Seine dürren Hände begannen zu flattern. Endlich sagte er erstickt: „Wenn wir Filos hinüberschikken würden ... Ich meine: Man könnte es versuchen – sie werden vielleicht nicht auf das Tier schießen –“
Da war es beschlossene Sache.
Sie gingen, Tadschidis gestützt durch Sikas und Tanassis, zu einer kleinen Erhöhung, von der aus man die Stellungen des Feindes überblicken konnte. Iraklis legte die Hand über die Augen: Schattenhaft zeichneten sich in der Ferne die Geschütze gegen den dämmerblauen Waldstreifen ab.
Sie kehrten ins Lager zurück. Tanassis belud den Esel: Beutel mit Sprengstoff, daran befestigt Zündkapseln, die beim Aufschlag die Ladung zur Explosion bringen mußten.
Der alte Mann, wie er Abschied nahm von seinem Esel, mußte die Tränen hinunterschlucken. Er klagte: „Das ist doch alles, was ich auf der Welt habe. Überallhin hat er mich begleitet, ich habe mich auf ihn verlassen können wie auf den besten Freund. Nun bin ich ganz allein –“
Tadschidis ergriff seine Hand. „Du bist nicht allein, du hast doch uns, Genosse Iraklis.“ Es war das erstemal, daß einer den Alten „Genosse“ nannte.
Er beugte sich zu dem Tier und flüsterte ihm etwas zu, so eindringlich, als spräche er mit einem Menschen. Und keiner lachte, als Iraklis die Arme um den Hals des Tieres schlang, als verlöre er einen Sohn.
Der Esel setzte sich in plumpen Trab und lief den Feldweg entlang, auf Suflis zu – ganz sicher: Er hatte verstanden und folgte dem Befehl seines Herrn, wie er ihm hundertmal gefolgt war in all den Jahren zuvor.
Iraklis stand mit schlaffen Armen und starrte dem Tier

nach, das in der sinkenden Nacht untertauchte, und auf seinem uralten, müden Gesicht stritten sich Angst und Trauer mit heimlichem Stolz.

Wenig später brach drüben die Hölle los. Eine Wand schwarzen Qualms breitete sich dort, wo sich vor kurzem noch die Geschütze drohend gereckt.

Der alte Mann weinte bitterlich.

In derselben Nacht noch nahmen die Partisanen das Dorf Suflis.

ZWEITER TEIL

Im Dezember mußten sich die Einheiten der Volksarmee wieder in die Berge zurückziehen.
Grausam kalt war dieser Winter. Über die kahlen Bergkuppen raste eisiger Wind, Schnee fiel und hüllte die Hänge in ein weißes Leichentuch, unter dem alles Leben erstarb.
Die Partisanen hausten in feuchten Höhlen, an deren Felswänden das Wasser gefror und mit unzähligen weißen Eiskristallen die unwirtlichen Unterschlupfe in diamantenfunkelnde Feengrotten verzauberte.
Die Vorräte an Lebensmitteln gingen bald zu Ende, eines Tages gab es kein Brot mehr. Da strich lauernd ein riesiges, graues Raubtier, der Hunger, durch das Lager. Die Männer und Frauen gruben unter der verharschten Schneedecke nach erfrorenen Beeren, und sie schlachteten die Maultiere und Esel. Das Fleisch war zäh wie Leder, aber man konnte sehr lange darauf kauen, so hatte man wenigstens etwas zwischen den Zähnen und die Vorspiegelung des Sattwerdens für den knurrenden Magen.
Oftmals fanden sie jetzt des Morgens die Leichen Erfrorener im Lager. Der kleine Witschu war das erste Opfer der Kälte: Während der Wache schlief er, entkräftet, an einen Baumstamm gelehnt ein. In der Nacht war Neuschnee gefallen, so konnten die anderen erst nach stundenlanger Suche den kleinen Witschu aufstöbern. Sie mußten ihn begraben wie er gesessen hatte, in Hockstellung – die erstarrten Glieder ließen sich nicht mehr strecken.
Am nächsten Tage starb Anastasia, zwei Tage darauf der

Genosse Kokales. So ging es weiter: Mit jedem neuen Morgen neue Opfer, und noch war kein Ende der Schrekken im Winterlager abzusehen.

Helena umschloß mit beiden Händen die starren Finger des Tadschidis und suchte sie mit ihrem Atem zu erwärmen. „Du wirst wieder gesund werden, Stawros; wenn der Frühling kommt und die Sonne scheint, wird alles wieder gut. Daran mußt du glauben."
„Ich glaube ja auch, Helena", sagte der Mann schwach. „Nur manchmal könnte ich den Mut verlieren – nicht wegen der Verwundung, weißt du, und wegen der Schmerzen. Nein, viel schlimmer ist dieses ganze Elend hier ringsum, der Hunger, die Kälte, jeden Tag Tote."
„Wir halten schon durch", sagte Helena, aber wie der Mann zu ihr aufsah, erstarb ihm das Lächeln um die Lippen: Das Gesicht des Mädchens war ganz spitz geworden, und unnatürlich groß brannten darin die dunklen Augen. Der Frost hatte die Sonnenbräune aus ihrer Haut gesogen, nun schien sie fast grau und um Jahre gealtert; sogar das einst so strahlende Schwarz ihrer Zöpfe schien stumpfer geworden durch die Leiden dieses Winters, wie sie noch keinen ähnlichen erlebt hatte.
Tadschidis hob mit Anstrengung die Hand – eine abgezehrte, durchsichtig weiße Hand – und strich über Helenas Wange. „Wenn du nicht gewesen wärst ..."
Schwache Röte stieg ihr ins Gesicht, sie wehrte ab: „Die anderen sind doch auch gut zu dir und kümmern sich um dich."
„Keiner hätte mich so pflegen können wie du, Helena. Du brauchst mich nur anzusehen, brauchst mir nur ein Wort zum Trost zu sagen, und schon spüre ich keine Schmerzen mehr."
Das Mädchen, verwirrt, wußte nicht, wohin schauen, und atmete erleichtert auf, als in diesem Augenblick Costas die Decke zurückschlug, die diesen Winkel der Höhle von dem Schlafraum der anderen abtrennte.
In einer alten Konservenbüchse trug der Junge so behut-

sam, wie man wohl eine große Kostbarkeit tragen mag, ein Stück dampfenden Fleisches vor sich her, dessen Duft sich im Nu im Raum verbreitete und die Augen der beiden leuchten machte vor Heißhunger. Mit einem finsteren Blick streifte der Junge den Verwundeten und drückte dem Mädchen die Konservenbüchse in die Hand mit einer Gebärde, die den Kommandeur von vornherein von dem Genuß des Fleisches ausschloß.
„Ich habe heute Glück gehabt. Ich habe ein Eichhörnchen erwischt. Ich glaube, sogar die sterben aus; sonst wimmelte es überall von den Biestern. Es ist ja nur ein mageres Ding, aber –“ mit besonderer Betonung „– für *dich* wird es schon reichen, Helena.“
„Danke“, sagte das Mädchen, „danke, Costas“, und hatte schon das Fleisch ergriffen und schlug die Zähne hinein mit ungezügelter Gier, daß ihr der Saft über die Finger lief und auf die zerschlissene Uniform tropfte. Plötzlich hielt sie inne und fragte beschämt: „Hast du denn schon gegessen, Costas?“
„Na klar“, erwiderte der mit erzwungener Gelassenheit und mußte gewaltsam den Blick losreißen von dem mageren Braten – es war ihm schwergefallen, ihn bis hierher zu Helena zu bringen, ohne unterwegs wenigstens einen Bissen zu kosten.
Mit den Zähnen riß Helena das Fleisch in zwei Stücke und reichte das größere von beiden dem Verwundeten. Der konnte es nicht zurückweisen; nicht einmal das zornige Gesicht des Burschen verleidete dem Hungernden die Speise.
Costas drehte sich brüsk um und ging.
Als er in der Nacht neben Helena lag, dicht an sie gedrängt, Wärme zu geben und zu empfangen, sagte er mißmutig: „Denkst du, ich renne wegen Tadschidis stundenlang durch die Berge? Du sollst essen, du bist ein Mädchen – der wird es schon aushalten.“
„Costas, er ist krank!“ rief das Mädchen verweisend.
Costas schwieg, wußte er doch, wie ungerecht sein Widerwille gegen den Kommandeur war, der noch immer nicht

von seiner schweren Schädelwunde genesen konnte. Trotzdem wurmte es ihn, daß Helena ausgerechnet mit dem alles teilen mußte, was er, Costas, nach langem und mühseligem Umherirren für sie auftrieb.
Er zog die Decke fester um das Mädchen. In seinen Eingeweiden wühlte der Hunger mit glühenden Zangen, er bebte vor Kälte trotz des prasselnden Feuers in der Höhle, denn er hatte seine Jacke ausgezogen und Helena, ungeachtet ihres Sträubens, darin eingehüllt. Das tat er ja gerne; was kümmerte ihn schon sein eigener Schmerz – wenn nur Helena am Leben blieb …
Das Mädchen starrte zur Decke hinauf, in deren kristallener Wölbung der Feuerschein sich brach, daß sie in allen Regenbogenfarben schimmerte. Sie sagte versonnen: „Wie herrlich der Sommer in Alexandrupolis ist … Und das Meer – man weiß nicht, wo der Himmel anfängt und das Wasser aufhört. Und der Sand ist so heiß, daß man sich fast die Füße verbrennt …“
„Das kann man sich kaum noch vorstellen“, erwiderte Costas leise. „So viel Sonne, so viel Wärme … An manchen Stellen kocht das Wasser beinahe, man traut sich kaum, die Hand reinzustecken. Ich habe mal eine Schlange gefangen, die war richtig verbrüht, glaubst du?“
„Hast du denn keine Angst vor Schlangen?“
„Ach was! Wir haben oft Schlangen gefangen, du mußt sie mit einer Astgabel dicht hinter dem Kopf schnappen, dann kannst du sie anfassen. Vater konnte das großartig! Er hat sie in ein Tuch beißen lassen, da kam das ganze Gift ’raus, und dann hat er sie vorn in die Bluse gesteckt und nach Hause getragen. Vater hat sich überhaupt vor nichts gefürchtet.“
„Mein Vater auch nicht“, sagte Helena. „Oder doch: Damals, als wir zu den Partisanen gegangen sind, Tanassis und ich, da hat er uns nicht fortlassen wollen.“
„Ich habe auch manchmal Angst, aber nur um dich …“ Und Costas drückte das Mädchen fest an sich. „Wie du damals bei Suflis den Panzer gesprengt hast, da habe ich gezittert wie noch nie in meinem Leben. Wenn dir etwas

zustieße, Helena, ich würde mich umbringen."
„Das darfst du nicht sagen", erwiderte Helena ernst. „Schau mal: Wenn ich wirklich sterben müßte – natürlich möchte ich nicht sterben –, aber es wäre doch für Griechenland, es wäre nicht umsonst, irgendwie hätte es einen Sinn, so wie der Tod von all den Partisanen, die in diesem Krieg gefallen sind. Man muß auch Opfer bringen können, sonst erreichen wir niemals das, was wir erreichen wollen."
Der Junge schwieg, erst nach einer Weile sagte er unsicher: „Ich weiß nicht, Helena, ob das alles lohnt: die vielen Toten, das ganze Elend hier ... Die anderen sind so stark, sie haben viel bessere Waffen; manchmal denke ich, es hat alles keinen Zweck mehr, und dann möchte ich dich mit mir nehmen und irgendwohin gehen, wo Ruhe ist und Sicherheit."
Das magere Gesicht des Mädchens wurde noch um einen Schein blasser, sie sagte heftig: „Du sollst nicht nur an dich denken, Costas!"
„Ich denke doch an dich, Helena, um dich sorge ich mich, du sollst nicht sterben, du sollst meine Frau werden – wie schön könnte das Leben sein ohne diesen verfluchten Krieg!"
Helena schloß die Augen, sie sagte matt: „Aber es kann nur schön werden, wenn wir diesen Krieg gewonnen haben."
„Ja, wenn ..." Er verstummte ratlos: Jeden Abend wiederholten sich diese Gespräche, die bei Sommer und Sonne, bei grünen Bäumen und reifen Früchten begannen und bei Krieg und Tod endeten, Gespräche, die die Liebenden auf Stunden und Tage entzweien konnten, weil des Jungen Überdruß und Zweifel immer klarer zutage traten gegen den Glauben des Mädchens.
Dazu kamen ihre bösen Streitigkeiten wegen des Kommandeurs, dessen sichtbare Zuneigung zu Helena der Junge mit brennender Eifersucht beobachtete. Und vielleicht war er nicht einmal im Unrecht mit seinem stets wachen Mißtrauen: Helena weilte fast immer bei dem

Verwundeten, sie schloß sich ihm fester an, je unverhüllter das Drängen des Jungen wurde, sich von den Partisanen zu lösen, der Qual dieses harten Lebens ein Ende zu machen und Sicherheit zu suchen.
Die gleichbleibende Geduld, mit der Tadschidis Hunger und Frost und Schmerzen ertrug, erfüllte das Mädchen mit Bewunderung, und an seiner Zuversicht richtete sie sich auf in den Stunden, da sie, zermürbt von den Wochen im Winterlager, sich schwach werden fühlte gegen die Bitten des Jungen.

Anfang Februar wurde die Kälte nahezu unerträglich, und die Menschen, die die milden Winter in den Ebenen gewöhnt waren, litten Entsetzliches. Der Eiswind zerschnitt ihre Haut, ihre Hände und Gesichter waren bedeckt mit Frostbeulen, und sie schleppten sich, vom Hunger ausgelaugt, wie Gespenster durch das Lager, hohlwangig und mit abgestorbenen Gliedern.
Während einer Wache erfroren Helenas Füße, anfangs folterten sie noch grausame Schmerzen, es war, als ginge sie in glühenden Eisenschuhen; später verlor sich jedes Gefühl, ihre Füße verwandelten sich in schwärzliche, empfindungslose Fleischklumpen, und sie kroch auf Händen und Knien in die Höhle zurück.
Costas mußte ihr die Schuhe aufschneiden; er hätte fast aufgeschrien, als er endlich die Fußlappen abgerissen hatte, aber er zwang ein zuversichtliches Lächeln auf seine Lippen, als er in die flackernden Augen des Mädchens sah.
„Sind sie tot, ganz tot? Kann ich nie mehr richtig laufen?“
„Ach, was bildest du dir ein, Dummkopf! Das kriegen wir schon wieder hin!“ sagte der Junge rauh. Stundenlang massierte er die Füße und rieb sie mit Schnee ein; auf seiner Stirn glänzten kleine Schweißtropfen; so strengte er sich an, getrieben von der Vorstellung, das Mädchen werde, hülfe er ihr nicht, zeitlebens ein Krüppel bleiben – sie, die sonst so leicht, so sicher schritt …

Endlich begann Helena zu stöhnen, und Costas atmete auf: Allmählich kehrte Leben zurück in die erstarrten Glieder. „Na, was habe ich gesagt?“ fragte er triumphierend.
Helena lächelte schwach, dann mußte sie die Zähne zusammenbeißen; sie lag regungslos, die Fingernägel in die Handflächen gepreßt, und blickte unverwandt in das strahlende Gesicht des Jungen. Sie dachte: Er hätte mir – wäre das möglich – seine eigenen Füße gegeben, ohne Bedenken ...
Sie richtete sich auf, umschlang seinen Nacken und zog seinen Kopf zu sich herab. „Ach, Costas, du bist doch der beste Mensch auf der Welt.“ Sie küßte ihn. Er dückte ihr Gesicht an seine Brust, damit sie seine feuchten Augen nicht sehe.
Es kümmerte sie nicht, daß die Kameraden in der Höhle waren und ihre Umarmung mitansahen – die waren jetzt so abgestumpft, daß dieses Verhältnis zwischen den jungen Menschen, das noch vor wenigen Monaten zumindest Gegenstand einer scharfen Auseinandersetzung geworden wäre und vielleicht ihre Trennung zur Folge gehabt hätte, keinen mehr interessierte. Selbst der alte Sikas verschloß die wachsamen Augen vor diesem offensichtlichen Verstoß gegen die Disziplin; heute, da der Tod jeden Tag einen der Liebenden holen konnte, nahm der Mann es nicht mehr so genau mit seinen strengen Regeln, die Helena sah ja ohnehin so aus, als könne es nicht mehr lange dauern, bis auch über ihr ein paar Schaufeln Erde lägen und eine fußhohe Schneedecke.
Ein Wunder, wie der kleine Chalkidis sich auf den Beinen hielt! Sikas hatte ihn niemals so recht leiden können, er war ihm zu leichtfertig, zu rasch in allen Äußerungen, deshalb hatte er den Jungen für nicht unbedingt zuverlässig gehalten. In den vergangenen Wochen jedoch hatte Sikas ihm insgeheim allerlei abbitten müssen: Costas, obgleich er nur noch aus Haut und Knochen zu bestehen schien, war zäh wie eine Wildkatze; nichts konnte ihn umwerfen, er hielt sich besser als mancher erwachsene

Mann, übernahm freiwillig die Wache für kranke Kameraden, ging auf die Jagd und verstand – weiß der Teufel, wie er das anstellen mochte! –, immer noch etwas Eßbares aufzutreiben.
Costas hatte das Mädchen in den dunkelsten Winkel der Höhle getragen. Dort lag nun Helena, krank, meist schlafend, aber es war allein Schwäche, die sie in diesen Schlaf versenkte, aus dem sie nur hin und wieder erwachte, wenn Costas ihr ein paar Bissen Fleisch brachte.
Stundenlang kauerte der Junge zu ihren Füßen, als müsse er das Restchen Leben, das in dem Mädchen noch glomm, bewachen, damit es nicht unversehens erlösche. Manchmal, wenn sie die Augen aufschlug, legte er sich neben sie, schob ihr den Arm unter den Nacken und flüsterte mit ihr. Freilich führte fast immer nur er das Wort, seine Träume wurden lebendig, und in leuchtenden Farben malte er dem ungläubig lauschenden Mädchen den Frühling, den Sommer an der Küste des blauen Meeres; er wurde nicht müde, ihr vorzuschwärmen, wie schön das Leben werden würde, wenn sie erst einmal dieser Hölle entronnen wären: Sie würden in irgendeine kleine Stadt ziehen, nein, in ein Häuschen, ganz einsam inmitten smaragdgrüner Rebenfelder und silberner Olivenhaine – oder, noch besser, auf eine winzige Insel im Ägäischen Meer, weit fort von allen Menschen, weit fort von Krieg und Geschrei und Schüssen. Eine Insel ganz allein für sie beide …
Das Mädchen zwang ein Lächeln auf die blauen Lippen. „Aber Costas, so etwas gibt es doch gar nicht – solch eine Stadt oder gar eine Insel, auf der wir zwei allein sind.“
„Irgendwo wird es sie geben“, sagte er eifrig. „Wir werden sie suchen – unsere Insel der Seligen.“ Er lachte, aber in Wahrheit glaubte er daran; überdeutlich sah er dies alles vor sich: Er nahm Helena bei der Hand, sie wanderten durch Griechenland, vorbei an den lauten Städten, fort von den blutigen Schlachtfeldern, sie ließen auf immer die grauen Berge hinter sich … Sie mußten sehr, sehr lange wandern, wenn Helena müde war, trug er sie auf

seinen Armen, aber irgendwann einmal fanden sie die wunderbare Insel, auf der ewiger Friede wohnte und ungetrübtes Glück, und sie war geschaffen worden nur für das Mädchen und ihn und ihre Liebe …

„Doch, Helena, das muß es geben, irgendwo auf der Welt“, wiederholte der Junge, und seine Zuversicht war so stark, daß auch das Mädchen endlich zu glauben begann. Sie lächelte nicht mehr, wenn Costas von dem Traumland mitten im Meer erzählte, sie konnte sogar schon mitträumen. Sie war so grenzenlos erschöpft, daß nur ganz selten noch ein flüchtiger Gedanke an die Kameraden auftauchte, an den Kampf und sein Ziel, von dem sie einst so überzeugt gesprochen hatte. Wenn Costas sie nun fragte: „Kommst du auch ganz gewiß mit, Helena?“, dann sagte sie: „Ja, Costas.“ Und sie erwiderte seine Küsse.

Eifersüchtiger denn je, hielt Costas selbst Helenas Bruder von ihr fern, vielleicht in der unbestimmten Furcht, der finstere Mann könne von ihren Plänen erfahren und sie durchkreuzen. Erst als es Helena merklich besser ging, durfte Tanassis einmal auf ein paar Minuten zu ihr.

Als sie ihn zum ersten Male wiedersah, entsetzte sie sich: Sein kurzer, krauser Bart, den er sonst so leidlich gepflegt hatte, überwucherte seine Wangen bis unter die Augen, und sie entdeckte viele weiße Fäden in dem Lackschwarz. Tanassis hatte sich nie geradegehalten; jetzt ging er gebückt wie ein Greis. Aber er lachte, daß seine Zähne im Gestrüpp des Bartes blinkten. „Dein Costas bewacht dich ja wie ein Höllenhund, kleine Schwester.“

Er nahm ihre dünne Hand. „Macht nichts, Kind, bald bist du wieder auf den Beinen. Wenn der Frühling kommt, wird alles wieder gut.“

Helena fuhr zusammen; sie entsann sich, daß sie selbst vor wenigen Wochen noch mit fast den gleichen Worten Tadschidis aufzurichten versucht hatte. Damals war sie noch entschlossen gewesen, weiterzukämpfen, damals hatte sie noch unerschütterlich an den Sieg zu glauben vermocht …

„Dann geht es wieder los", sprach Tanassis weiter. „Dann werden wir es ihnen heimzahlen, was?"
Er bemerkte ihre Geistesabwesenheit, die er für Erschöpfung hielt, und er redete hastig, eindringlich, um das Mädchen aufzumuntern. Helena jedoch hörte kaum auf ihn, sie grübelte fieberhaft: Wie brachte er nur diesen Mut auf? Wie lange hatte es damals gedauert, ehe er sich von Hause losreißen konnte, und jetzt hatte er sich so verbissen in seine Sache ... Damals hatte sie, die jüngere Schwester, ihn gedrängt, sie war ja so selbstbewußt gewesen – und nun sehnte sie sich nur noch nach Ruhe und Geborgenheit. War die Krankheit schuld an ihrer Schwäche, war es Costas?
Das Mädchen schluchzte.
Tanassis streichelte ihre Wangen. „Nun, nun, Kind –"
Sie drehte den Kopf zur Wand, und Tanassis erhob sich ratlos. Ein Weilchen noch stand er unschlüssig an ihrem Lager, dann ging er.
Helena hörte seine schlurfenden Schritte, sie dachte: Wenn er jetzt umkehrt, werde ich ihm alles erzählen. Er muß Rat wissen, er ist doch älter als ich ... Aber Tanassis kehrte nicht um, und Helena blieb, allein mit den Zweifeln, die an ihrem Herzen nagten.
Und dann kam eines Tages Tadschidis. Er war zum ersten Male aufgestanden, und er ging ganz taumelig, mit tastend vorgestreckten Händen.
Er wollte sich neben Helena setzen, aber er verlor im Niedergleiten das Gleichgewicht und plumpste schwer auf die Erde. Das brachte ihn aus der Fassung; Helena sah ihm an, wie tief seine Hilflosigkeit ihn kränkte, aber sie fand kein ermunterndes Wort.
Es verwirrte sie, daß er mit keiner Silbe die Lage seiner Abteilung erwähnte oder den Kampf, der auf sie wartete – es gab jetzt nur Helena für ihn, er forschte, wie es ihr ginge, ob sie sich erholt habe und ihre Füße wieder gebrauchen könne; jede Einzelheit interessierte ihn, wenn sie nur das Mädchen betraf, und in seine schwarzen Kalmückenaugen trat ein eigener Glanz, wenn sie Helenas

Antlitz suchten.
Aber eigentlich, war dies noch schlimmer als das, was Tanassis gesagt hatte. Stawros' Besorgnis traf das Mädchen wie ein Vorwurf, denn auch diesen Menschen wollte sie verlassen ... Am liebsten hätte sie ihn fortgeschickt, um endlich allein zu sein mit ihren Gedanken; sie antwortete kaum, quälte sich nur hin und wieder ein mageres „Ja" oder „Nein" ab.
Im Hintergrund strich lauernd Costas herum.
An Costas' Hand tat Helena ihre ersten Schritte. Der Junge war nur noch ein Schatten seiner selbst, er rieb sich auf mit der Jagd nach ein wenig Nahrung für das Mädchen; er hatte sogar das Singen verlernt.
Nur wenn er bei Helena lag und ihr zum hundertsten Male das Dasein auf seiner Trauminsel ausmalte, sprang wieder ein Funke der alten Heiterkeit in seinen Augen auf, der ganz aus dem Innern kam, aus der starken Flamme seines liebenden Herzens. Dann schmiegte sich das Mädchen an ihn, und in seinen Armen vergaß sie ihre Gewissensbisse.

Costas war auf die Jagd gegangen, als Helena Tadschidis aufsuchte. Sie mußte sich an die Wände stützen, mühsam setzte sie Fuß vor Fuß; endlich hatte sie den Höhlenwinkel erreicht, in dem der Kommandeur hauste. Sie schlug die Decke zurück.
Der große, schwere Mann hockte auf seinem spärlichen Laublager, seine Arme baumelten zwischen den gespreizten Knien, und die mächtigen Schultern waren vornübergesunken, als drückte Bergeslast auf den Nacken des Mannes.
„Stawros!"
Mit einem Ruck fuhr sein Kopf in die Höhe, Tadschidis straffte sich; für Sekunden stand ein böses Licht in seinen Augen, er schien unwillig darüber, daß ihn jemand in dieser mutlosen Haltung überrascht hatte. Schweigend winkte er dem Mädchen.
Der Mann hatte sich gleich wieder in der Gewalt, er ver-

suchte einen scherzhaften Ton anzuschlagen, aber Helena ging nicht darauf ein. Endlich fragte sie – auf die Gefahr, ihn wieder aufzubringen: „Woran hast du eben gedacht, als ich kam? Du warst ja ganz weg, du hast mich nicht einmal gehört."
Die Fröhlichkeit blätterte von seinem Gesicht ab. Einen Moment lang starrte er das Mädchen an, die Zähne in die Unterlippe gegraben, dann brach es aus ihm heraus: „Und du kannst noch fragen, woran ich denke? Hast du keinen Funken Verstand mehr im Kopf, du? Da sieht man seine Leute um sich herum krepieren, sie sterben einem unter den Händen an dieser verfluchten Kälte, an diesem zehnmal verfluchten Hunger – und man kann nichts tun! Man möchte mit dem Kopf an die Wand rennen, man möchte schreien vor Wut – und man ist so machtlos! Nichts kann man tun für sie. Abwarten! Kommandeur bin ich – und schwach wie ein altes Weib! Blutige Tränen könnte ich weinen um unsere Genossen. Wie die Tiger haben sie gekämpft, solange es noch zu kämpfen galt, und hier gehen sie mir zugrunde, so sinnlos, so schrecklich sinnlos, an einem Feind, den ich nicht pakken kann und totschlagen! Und du fragst, woran ich denke, o Gott ..." Er lachte erbittert. Auf seiner Stirn standen Schweißtropfen, zitternd öffneten und schlossen sich seine Hände.
„Immer sorgst du dich nur um andere", sagte das Mädchen. Und in einer plötzlichen Aufwallung ergriff sie seine beiden Hände und drückte ihr mageres graues Gesicht an die rauhen Handflächen. „Ach, Stawros, ich bin schlecht", murmelte sie, „ich verdiene dein Gutsein nicht ..."
„Aber Helena, was redest du da?" fragte der Mann bestürzt.
Das Mädchen warf den Kopf zurück, das lange Haar, glanzlos und wirr, fiel über ihr Gesicht; sie rief wild: „Da sitzt du und grübelst und überlegst, wie du uns helfen kannst, und würdest dich in Stücke reißen lassen für uns – und ich denke Tag und Nacht nur daran, wie ich fort-

kommen kann von euch. Ja, da reißt du die Augen auf und kannst nicht begreifen. Du glaubst mir nicht, wie? Und doch ist es wahr. Ich will weg von hier, weg aus dieser Hölle! Ich bin doch noch so jung – ich will hier nicht sterben, und mir wird ganz kalt vor Angst, wenn ich mir vorstelle, daß nun bald alles das wieder anfängt: die Gefechte, das Schießen, diese ganze gräßliche Schlächterei …"
Sie hielt inne. Der Mann saß sehr aufrecht, kalt wie ein Steinbild. Jetzt sagte er, leise und beherrscht: „Wir werden dich nicht halten, Helena Zachanidis." Er wollte sich erheben, da fiel sie vor ihm auf die Knie und rief: „So darfst du nicht mit mir reden, Stawros, bitte!" Sie wartete auf ein Wort. „Mein Gott, Stawros, wie hältst du das nur aus – all die Jahre schon?"
Der Mann saß ungerührt. Sie legte den Kopf auf scine Knie und sagte verzweifelt: „Irgendwo auf der Welt muß doch Frieden sein und Ruhe … Und wenn ich bis ans Ende der Welt laufen müßte –" Sie konnte sein Gesicht nicht sehen, aber sie fühlte, wie seine Hand über ihr Haar glitt.
Der Mann sah auf das Mädchen hinab, und mit einem Male verflogen Zorn und Enttäuschung, nichts als Mitleid blieb und ein gütiges Verstehen, dessen er sich selbst niemals fähig gehalten. Mit beiden Armen zog er Helena empor, in ihr aschfarbenes Gesicht hinein sagte er: „Ich will dich nicht überreden, Kind. Du bist frei in deinen Entschlüssen, und ich habe kein Recht, dich zu halten. Ich will dein Verhalten auch nicht – Verrat nennen." Helena zuckte scharf zusammen. Er fuhr fort, als sei ihm ihr Erschrecken entgangen: „Eines Tages wirst du selbst begreifen, daß es ein solches Glück nicht gibt, in den Wolken, im Lande Nirgendwo, fern von den Menschen und ihren Auseinandersetzungen. Immer muß man sich entscheiden – für diese oder für jene Seite … Du gehörst zu uns oder zu denen da drüben, zu den Faschisten; einen Mittelweg gibt es nicht, verstehst du das?"
„Ja", sagte sie, aber es klang, als weine sie nach innen.

„Du mußt bei uns bleiben, Helena." Seine Stimme, in der Bitte und Befehl eins waren, riß zwei tiefe Falten in die Stirn des Mädchens.
„Ja", wiederholte, „ja, Stawros ..."
Durch den Kranz der halbgesenkten Wimpern schimmerte das Samtschwarz ihrer Augen, und dem Mann verschlug es den Atem, in seinem Kopfe überstürzten sich die Gedanken: Da hatte er Tag um Tag, Monat um Monat gehofft auf ein Wort von ihr, aus dem mehr sprach als Freundschaft und Achtung; er hatte gehungert nach einem Blick von ihr – und er hatte doch niemals vergessen, daß er der Kommandeur war, dessen Lebenswandel vor den Augen der anderen makellos sein mußte, er hatte sich Fesseln angelegt, seine Wünsche vor sich selbst zu verleugnen gesucht – heute aber, da er nahe daran gewesen, das Mädchen auf immer zu verlieren, erkannte er, daß er sie liebte, daß sein ganzes Wesen nur von ihr erfüllt war ...
Er umschlang ihren schmalen Rücken und küßte sie auf den Mund.
Der Vorhang raschelte dumpf, und der Schrei des Jungen schnitt wie ein Raubvogelruf durch die Stille.
Mit einem Satz war Costas bei den beiden, er riß Helena zur Seite und warf sich auf den Kommandeur; schweigend, mit zusammengebissenen Zähnen, schlug er dem Mann ins Gesicht.
Der vermochte sich, gelähmt von dem blitzschnellen Überfall, sekundenlang nicht zu rühren; endlich hob er den Arm, um sein Gesicht zu schützen.
„Verfluchter Hund", keuchte der Junge, „willst Kommandeur sein – nimmst einem anderen sein Mädchen weg – ach, du Schwein!"
Im Dämmerlicht sah Helena das matte Blinken einer Messerklinge, sie schnellte empor und riß Costas an der Schulter zurück. Der Junge stolperte, er wandte sich gegen das Mädchen, rasend vor Wut, da hatte Tadschidis ihn schon bei den Handgelenken ergriffen und drehte ihm die Arme auf den Rücken.

Das Messer klirrte auf den Steinen.
Tadschidis zwang den Jungen auf den Boden nieder; Costas wand sich zwischen den bärenstarken Fäusten des Mannes, kratzte und biß wie eine Wildkatze, trat um sich – und lag dann doch bezwungen unter dem schweren Mann, das entstellte Gesicht mit der rechten Wange auf die Steine gepreßt.
„Geh, Mädchen", sagte Tadschidis, und sie mußte gehorchen.
Sie ging mit gesenktem Kopf; sie hatte schon die Decke zurückgeschlagen, da blieb sie noch einmal stehen. Bittend hob sie die Hand gegen den knienden Mann, aber es klang wie eine Forderung, als sie sagte: „Du darfst ihn nicht bestrafen, Genosse Tadschidis."
Die strenge Anrede traf den Mann wie ein Schlag: Mit drei Silben hatte Helena das Geschehen der letzten Minuten weggewischt. Er nickte.
Nun waren die beiden allein, und lange gab es nichts in der Stille des kalten, engen Raumes als das Stöhnen des Jungen und die raschen, stoßweißen Atemzüge des Mannes.
„Du hast dich an dem Kommandeur deiner Abteilung vergriffen, Costas Chalkidis", sagte endlich Tadschidis, und jedes Wort tropfte eiskalt auf den Jungen nieder. „Das ist Meuterei, und du weißt, welche Strafe darauf steht."
„Du kannst mich ja erschießen lassen!" rief der Junge. Gleich darauf biß er sich auf die Lippen: Er hatte gar nicht mit dem sprechen wollen, sollte der mit ihm machen, was er wollte! Wie aber jetzt der Kommandeur den harten Griff lockerte, bäumte Costas sich auf und schrie: „Dann hast du ja erreicht, was du willst! Dann hast du ja Helena für dich!" Seine Augen begannen zu funkeln, kaum hatte er den Namen des Mädchens genannt.
Gelassen stieß Tadschidis mit dem Fuß das Messer in einen finsteren Winkel, und der Junge fiel zurück. Er weinte vor Schwäche, und er schämte sich nicht seiner Tränen. Er war auf einmal wie ausgebrannt; die Schrek-

ken der letzten Wochen, Jammer und Verzweiflung, die sich in ihm aufgestaut hatten, mühsam zurückgedrängt um des Mädchens willen, durchbrachen den Damm erkünstelter Frische und Heiterkeit, und das Schluchzen schüttelte seine mageren Knabenschultern.
Tadschidis ließ Costas' Handgelenke los; er wußte, daß der Junge nun wehrlos war.
Costas wischte sich die Tränen von den Wangen, auf denen graue Schmutzspuren zurückblieben; er sagte plötzlich, als sei ihm das eben erst eingefallen: „Wenn du mich vor Gericht bringst, sage ich gegen dich selber aus, damit du es nur weißt. Du hast mindestens genausoviel Schuld wie ich. Und ich werde schon dafür sorgen, daß du die längste Zeit Kommandeur gewesen bist." Er schaute dem anderen ins Gesicht, mit einem boshaftem Grinsen.
Tadschidis erschrak. Diese tückische Grimasse paßte so gar nicht zu dem gutmütigen, offenen und heiteren Burschen ... Nicht die Drohung schreckte den Mann, sondern das Bewußtsein seiner Schuld. Er hatte die Wandlung in dem Jungen bewirkt, er, ein Kommunist, der so stolz darauf gewesen, für einen der besten und gerechtesten Kommandeure der Volksbefreiungsarmee zu gelten!
Er schlug sich mit der Faust vor die Stirn: Stawros Tadschidis, was hast du da angerichtet? Du hast dich großgetan damit, daß du jederzeit bereit seiest, dein persönliches Glück zrückzustellen – und dann benimmst du dich, als hätten die Gesetze, die du andern gibst, für dich selbst keine Gültigkeit!
„Du hast recht, Costas Chalkidis", sagte der Mann. Und als der Junge verblüfft aufblickte, setzte er hinzu – obgleich es ihn schwere Überwindung kostete –: „Ich hatte den Kopf verloren. Es war meine Schuld, daß es zu diesem Auftritt kam." Er dachte ärgerlich: Du triefst ja vor Edelmut, mein Lieber ... Du solltest vernünftig sprechen mit diesem Jungen; dein Geschwätz muß er für Heuchelei halten.

Laut sagte er: „Vergiß, was eben geschehen ist. Wir sind quitt."
Costas erhob sich, er wartete noch, denn es war ihm, als müsse nun noch etwas anderes kommen, Schlimmeres. – Er täuschte sich nicht.
Tadschidis sagte mit abgewandtem Kopfe, langsam und jede Silbe betonend: „Helena will fortgehen. Ich meine: Sie wollte fortgehen. Sie hat sich entschlossen zu bleiben."
„Nein!" rief der Junge, seine Lider flatterten.
„Ich habe ja gewußt, daß du dahintersteckst. Du hast sie überredet. Leugne nicht!"
Aber Costas wollte nicht leugnen. Er stand reglos, den Kopf im Nacken, betäubt von diesem neuen, schwersten Schlag: Helena hatte ihn verraten!
Tadschidis legte dem Jungen die Hand auf die Schulter und sagte eindringlich: „Du bist zu uns gekommen, weil du Griechenland liebst und für seine Freiheit kämpfen willst. Du bist so jung – sechzehn Jahre, nicht wahr? –, aber Tausende anderer sind genauso jung wie du und vergessen doch nicht, weshalb sie zu uns kamen. Wie konntest du es vergessen?" Er unterbrach sich, es war wohl unnütz, darüber noch zu sprechen. Dennoch wartete er auf eine Antwort.
Nichts. Endlich sagte der Junge leise: „Du mußt das doch verstehen, Stawros. Du liebst sie ja auch."
Das traf den Mann. Nun waren Worte überflüssig geworden, und Tadschidis verließ den Raum schwerfälligen Schrittes.
Costas fand das Mädchen weit draußen am Steilhang. Schneeflocken hingen in ihren Haaren und Wimpern. Er hob sie auf. Sie schlang die Arme um seinen Nacken, an seinem Halse flüsterte sie: „Wir werden bleiben, Costas."
Er blickte starr geradeaus. „Ja, das müssen wir wohl", sagte er nach einer Weile. Plötzlich lachte er, daß es das Mädchen überfröstelte, und sagte mit schrecklicher Lustigkeit: „Ist ja auch gleichgültig, wo uns der Teufel holt – hier oder sonstwo. Einmal erwischt es uns ja doch,

Hauptsache, es erwischt uns beide zusammen!"
Sie suchte seinen Blick: Seine braunen Augen waren von Hoffnungslosigkeit überschattet. Mit einem ungeschickten Versuch, ihn zu trösten, sagte Helena: „Und vielleicht gibt es wirklich nirgends ein Glück, wie wir es suchen ..."
„Schon gut." Mit einer schroffen Handbewegung wischte der Junge die Insel fort und die bunten Träume der langen Winternächte.
Auf seinen Armen trug er das Mädchen ins Lager zurück.
Niemals waren die Nächte kälter gewesen als jetzt. Die Insel der Seligen war im Meer versunken, niemals wieder sprachen die Liebenden von der Zukunft; ganz tief in der Brust ruhte noch jener Traum von Flucht und Frieden, aber das gestanden sie sich nicht einmal selbst ein.

Der Frühling stieg auf die Berge, als die Männer und Frauen schon fast vergessen hatten, daß es dies noch gab: Sonne und lauen Wind, duftende Erde und Knospen an Bäumen und Sträuchern. Rauschend stürzten die Gebirgsbäche zu Tal, gewaltig angeschwollen vom Schmelzwasser, und von einem Tage zum anderen, ganz überraschend, überzogen seidige Grashälmchen den Boden wie ein zartgrüner Teppich.
Helena und Costas tollten über die Hänge, sie schrien und lachten, sie rissen Grashalme aus und kauten auf den dünnen, bitteren Stengeln; sie turnten auf den Felsbrocken inmitten der schäumenden Bäche, und sie streckten der Sonne die Hände entgegen: Endlich wieder Leben, endlich wieder Wärme ...
Tanassis stelzte herum mit Riesenschritten, er konnte sogar lachen; er packte Costas am Rockkragen und rief: „He, Vögelchen, wie wär's mit einem Lied? Oder ist dir die Stimme eingefroren?"
Und Costas sang, wie er lange nicht mehr gesungen hatte, er ließ seine unsichtbare Gitarre klingen – und mitten in sein übermütiges Spiel sprang der Befehl, daß die Einheit

am nächsten Morgen aufbrechen sollte zum Marsch in die Ebene.
Da rissen die Saiten seiner Gitarre, er verstummte; mit einem Male war die graue Furcht wieder da, und von ferne winkte mit dürren Fingern der Tod.
Hand in Hand schlenderten Costas und Helena über die Bergwiesen, da sagte der Bursche unvermittelt: „Nun geht es wieder los. Noch ist Zeit, Helena, überleg es dir gut."
„Da gibt es nichts mehr zu überlegen."
„Wir könnten ausrücken", drängte der Junge. „Wir könnten in eine fremde Stadt gehen, wo niemand uns kennt, wo niemand weiß, daß wir Partisanen waren. Da wird uns nichts geschehen. Wir könnten in Ruhe arbeiten, uns etwas schaffen."
Das Mädchen war stehengeblieben und umfing mit großem Blick das Gesicht des Freundes, in dem die hohen Backenknochen stark hervortraten über den hohlen Wangen. Sie sagte mit bebender Stimme: „Wir wollten das vergessen, Costas. Das ist doch – Verrat."
Alles Blut wich aus seinen Wangen, er schlug die Augen nieder und murmelte mit hilfloser Gebärde: „Das will ich nicht, Helena – Verrat will ich nicht. Ich will dich nur retten, versteh doch, Liebste ..." Er umfing sie mit beiden Armen und drückte ihren Kopf an seine Brust. „Ich habe dich so lieb, Helena, ich könnte ohne dich nicht leben." Und er hob ihren Kopf zu sich und bedeckte das Gesicht der Widerstrebenden mit Küssen.
Der laue Wind spielte in ihrem Haar, weit fort schrie ein Vogel. Schnell, zu schnell überwunden, warf Helena dem Burschen die Arme um den Nacken, sie bat: „Sprich nie wieder davon, hörst du?"
Der Junge zögerte.
Das Mädchen spürte, wie seine Hand von ihrer Schulter glitt, sie rief, dringlicher noch, flehend fast: „Versprich es mir, Costas!"
„Ich verspreche es dir", sagte der Junge gepreßt.
Aber Helena wurde seines Versprechens nicht froh und

nicht seiner Küsse und der zarten Aufmerksamkeit, mit der er sie während des beschwerlichen Marsches in die Ebene umgab.

Tadschidis stand vor einer jener leichten Hütten, die im Handumdrehen aus dünnen Stämmen errichtet werden, indem man sie im rechten Winkel gegeneinanderlehnt und das Ganze mit Zweigen oder Strohbündeln deckt. Die Nächte waren schon recht warm, da konnte man sich gut mit diesen luftigen Häuschen begnügen.
Der Mann schien um Jahre gealtert, mochte das nun von den Entbehrungen des Winters herrühren oder von den schweren Sorgen, die ihm die angespannte Lage an der Front bereitete. Zudem hatte man ihm seiner Verwundung wegen den Schädel kahlscheren müssen, über den, schlecht verheilt, eine mehr als fingerlange, blaurote Narbe lief.
Mit zusammengezogenen Brauen musterte der Kommandeur streng die vier Partisanen, die sich freiwillig zum Sprengtrupp gemeldet hatten: Genosse Sikas – unbedingt zuverlässig; Tanassis Zachanidis – einverstanden; Helena Zachanidis – es hatte dem Mann einen Stich ins Herz gegeben, als sie vortrat, aber er konnte sie nicht zurückweisen, es gab auch, wenigstens vor den anderen, keinen ernsthaften Grund, sie auszuschließen, und er konnte sich auf sie verlassen; Costas Chalkidis – natürlich, der durfte nicht fehlen, der mußte ja auf Schritt und Tritt der Helena nachrennen …
Dem Jungen wurde unbehaglich unter dem forschenden Blick des Mannes, und er bemühte sich, Gelassenheit zur Schau zu tragen, doch es gelang nicht recht – er ahnte, daß der andere nach einem Grund suchte, ihn vom Sprengtrupp auszuschließen.
Tadschidis sagte: „Ich weiß nicht, Chalkidis, ob du für eine solche Sache geeignet bist. Du hast zuwenig Erfahrung –“
„Das lernt sich alles“, brummte Tanassis. „Einmal muß er so etwas mitmachen, und an Mut fehlt es ihm nicht.“ Er

mochte den Burschen gut leiden, der ihm mit seinen Liedern manche frohe Stunde geschenkt hatte; auch erinnerte er ihn an den Bruder Nikos. So wußte er Costas gern um sich, zumal er dessen Liebe zu seiner Schwester Helena bemerkt hatte und wohlwollend duldete, weil sie ihm ungefährlich erschien und von dem Mädchen offenkundig erwidert wurde.

Weil schließlich auch Sikas ein Wort für den Jungen einlegte, mußte Tadschidis sich fügen. Er gab ihnen letzte Anweisungen: „Ihr habt knapp zwei Stunden zu gehen bis Feres, wo die Eisenbahnlinie verläuft. Es liegen Einheiten unserer Armee in der Umgebung, aber Feres selbst ist, wie ihr wißt, noch von den Faschisten besetzt. Ich denke, ihr seid euch klar darüber, wie schwer eure Aufgabe ist. Aber der Zug muß aufgehalten werden, er bringt den Faschisten Waffen und Truppen. Wir dürfen sie nicht durchlassen, um keinen Preis, versteht ihr? Um zwölf Uhr mittags kommt der Zug – bis dahin sind noch drei Stunden Zeit, es ist gut zu schaffen."

Er verabschiedete sich mit kurzem Händedruck von den beiden Männern.

Costas streckte ihm die Rechte entgegen. Tadschidis zögerte, er sah hinab auf die breite, braune, zerkratzte Jungenhand, und er dachte plötzlich: Mit diesen Händen hat er mich aus dem Feuer getragen, ins Leben zurück –

Fest umschloß er die Finger des Jungen, der schaute zu ihm auf, erstaunt, verstehend dann. Tadschidis nickte ihm zu. „Mach deine Sache gut, Costas." Der lächelte, er war niemals nachtragend gewesen, und der Abschiedsgruß des Kommandeurs löschte manches harte Wort aus, das zwischen ihnen gefallen war.

Die dünnen Finger des Mädchens behielt Tadschidis einen Augenblick länger in seiner Hand. Sie sah ihm gerade in die Augen, mit fast unmerklichem Lächeln, und er bewunderte selbstvergessen den kühnen Schwung ihrer hohen Brauen. Er hätte ihr gern ein freundliches Wort mitgegeben auf den Weg, aber er scheute sich davor in Gegenwart der anderen; ein wenig heiser sagte er: „Also

dann – auf Wiedersehen!“ Er stockte, drehte sich auf dem Absatz um und verschwand in seiner Hütte.
Er mußte ihnen dann doch nachschauen: Die vier gingen nebeneinander her zwischen den niedrigen grünen Mauern des Maisfeldes, rechts und links die beiden Männer, in der Mitte die Jungen. Die waren, klein und schlank beide, in ihren braunen Uniformen kaum voneinander zu unterscheiden, sie schritten auch im gleichen Rhythmus, ganz aufeinander abgestimmt, und der Mann vor der Hütte empfand schmerzlich die Verbundenheit der beiden, die sich so sichtbar in ihrem Gang ausdrückte und in der vertrauten Bewegung, mit der sie sich eben bei der Hand faßten.
Nun ließen sie das Maisfeld hinter sich und stiegen den Hügel hinab. Dem nachschauenden Manne schien es, als versänken sie tiefer und tiefer in einem grünen Meer – bis zu den Hüften, jetzt bis zu den Schultern; dann schlugen die grünen Wogen über ihnen zusammen, sie waren hinter dem Hügel untergetaucht.
Grün und golden lockte das sonnenüberflutete Land die vier. Das junge Gras umschmeichelte ihre Füße, die Mandelbäume schwammen in Wolken milchweißer Blüten, selbst die grauen Blätter der Ölbäume schimmerten wie glatte Seide.
Sikas führte. Sie sprachen kaum ein Wort auf dem ganzen Wege, aber es war nicht Furcht, die ihnen den Mund verschloß.
Sie hatten ihre Zeit gut eingeteilt. Genau anderthalb Stunden brauchten sie für den Marsch durch das von Partisanen besetzte Gebiet. Sie hatten sich bisher auf der breiten Hauptstraße halten können, nun sie in die Nähe von Feres kamen, mußten sie einen schmalen Nebenpfad einschlagen, der sich durch Wälder und Weinfelder schlängelte.
Sikas deutete nach Süden. „Dort ungefähr muß Feres liegen.“
Nur die scharfen Augen des Jungen erspähten die nadelfeine Kirchturmspitze, die hinter dem Walde in die zit-

ternde Luft stach.
Sie umgingen das Dorf in weitem Halbkreis und mußten sich noch einmal durch das Unterholz eines kleinen Waldes winden, in dem die Nußbäume blühten. Aus den grünlichen langen Troddeln rieselte gelber Blütenstaub und puderte die Köpfe der vier, wenn sie an die tiefhängenden Zweige stießen.
Helena lachte: Costas hatte mitten auf der Nase einen gelben Tupfen. Sie blieb stehen und wischte ihm über das Gesicht. Er haschte nach ihrer Hand und küßte blitzschnell ihre Finger, einen nach dem anderen.
Sie hasteten den beiden Männern nach, die, vertieft in ein leise und erregt geführtes Gespräch, das Zurückbleiben der Jungen gar nicht bemerkt hatten.
Sikas sagte eben: „Wir müssen aber warten, bis der Zug kommt. Es kann doch etwas schiefgehen –"
Tanassis hob die Schultern und erwiderte mürrisch: „Na und? Sollen wir vielleicht mit Maschinenpistolen den Zug aufhalten?"
„Wenn es sein muß ..."
Costas erschrak, sein Blick suchte Helena.
Sie traten aus dem Wald; vor ihnen breitete sich ein Weinfeld, über einen sanftgeneigten Hügel sich hinziehend, hinter dem die Hauptstraße und der Bahndamm verlaufen mußten.
Sie liefen zwischen den Weinreben hindurch, mit deren zierlich verschlungenen Ranken der Wind spielte, daß ihre spinnwebfeinen Schatten auf dem sonnenwarmen Boden tanzten. Sie hasteten über die Hauptstraße und erklommen den Bahndamm, auf dem die gelben Flammen hoher Königskerzen brannten.
Auf Ellenbogen und Knien krochen sie über den Schotter.
„Hier ungefähr wird die bezeichnete Stelle sein", sagte Sikas. Er schickte Tanassis und Costas als Späher aus, zusammen mit dem Mädchen bereitete er das Sprengmaterial vor. Er kannte sich damit aus, er hatte schon oft in einem Sprengtrupp mitgearbeitet – damals, als es gegen

die Deutschen ging, später dann gegen die Engländer und jetzt gegen die Faschisten. Das war das Bitterste: das Gewehr heben gegen Griechen, griechische Eisenbahnlinien sprengen, auf denen Waggons mit Korn und Früchten rollen könnten statt mit Panzern und schweren Geschützen.

Helena holte die Zündschnur aus der Jackentasche. Sikas lag zwischen den Schienen an den Boden gepreßt, mit wenigen geschickten Handgriffen hatte er Zündschnur und Zündkapsel angebracht. Er drückte das Dynamit gegen die Schiene.

Helena reichte dem alten Manne den Sprengstoff für die zweite Ladung.

Ein dünner Pfiff ließ sie zusammenfahren. Costas jagte den Bahndamm herauf, gefolgt von einem Fremden, einem langen, schlaksigen Burschen in zerfetzter Uniform, dem der Schweiß in Bächen über die Stirn rann.

Sikas knurrte einen Fluch zwischen den Zähnen.

Der Fremde warf sich neben ihn auf den Bahndamm, der Atem rasselte in seiner Brust, als er hervorstieß: „Nimm die Sprengladung raus, Genosse – der Zug – im ersten Waggon sind Kommunisten."

Wortlos riß Sikas die Ladung heraus, er brauchte nicht zu fragen, er kannte das: Waggons, vollgestopft mit Partisanen, die gleichsam als Schutzschild gegen Überfälle der Volksarmee dienen sollten.

Der alte Mann schien ganz ruhig. Er ließ dem Langen Zeit, daß der Luft holen und berichten konnte: Er gehöre einer Patrouille an, die von der Sprengung gewußt habe; sie sei auf Kundschaft gewesen und habe eben dies von den Kommunisten erfahren. Der Führer seiner Patrouille lasse sagen, die vier sollten den Zug aufhalten, ganz gleich wie; er käme mit Verstärkung.

„Ganz gleich wie ...", wiederholte Sikas. Und nach einigem Nachdenken: „Wann könnt ihr Hilfe bringen?"

Der andere überlegte: „Eine Stunde kann es dauern, vielleicht – zwei ..." Er forschte in den Zügen des Alten, aber die waren unbewegt, es gab für diesen Mann keinen

Zweifel und keine Ängste, er sagte nur: „Es ist gut; wir halten den Zug auf."
Costas flüsterte erstickt: „Wie sollen wir das schaffen? Herrgott, das ist doch unmöglich! Da kommen wir nicht davon –"
„Nein, mein Junge", sagte der Alte.
Der Fremde war fort; sie krochen den Bahndamm hinab und verbargen sich im niedrigen Buschwerk.
Sikas sagte nüchtern: „Keine hundert Meter von hier gibt es eine scharfe Kurve, da muß der Zug langsamer fahren. Wir können auf die Lokomotive schießen, in die Fenster. Tanassis ist der Stärkste von uns, vielleicht kann er aufspringen und den Lokführer überwältigen. Wir haben auch Handgranaten. Es gibt viele Möglichkeiten; ich denke, wir werden den Zug aufhalten, bis die anderen kommen."
Er sprach ganz gleichmütig, denn die bittenden, verstörten Blicke der Jüngeren brannten auf ihm, er mußte ihnen das bißchen Hoffnung, das noch blieb, mit beiden Händen reichen, und die Hände durften nicht zittern.
Dennoch fragte Tanassis, und er versuchte sehr sachlich zu fragen, sehr trocken: „Glaubst du, Sikas, daß wir davonkommen?"
Der Alte hob die Schultern. „Ich weiß nicht; es wird schwer werden …" Er sah dem anderen in die Augen, dann sagte er schnell und leise: „Nein, Tanassis. Aber – es geht ja auch nicht um uns."
„Das brauchst du uns doch nicht zu erklären", erwiderte Helena ruhig.
Costas stierte ihr ins Gesicht, das weiß war bis in die Lippen und wie erfroren. Da wußte er: Sie ist bereit, und Eiseskälte kroch ihm von den Fingerspitzen die Arme hinauf, in die Brust und bis zum Herzen. Gehetzt flog sein Blick von einem zum anderen – sie waren schon gezeichnet, alle drei …
Da hätte er aufspringen mögen und fliehen, er hätte schreien mögen vor Schmerz und Verzweiflung – er fühlte, daß ihm kalter Schweiß aus allen Poren brach,

und er preßte die Fäuste gegen die Stirn: Nicht denken, Herrgott, nicht denken!
Das Mädchen rückte an den Jungen heran und umfing ihn mit einer einfachen und herzlichen Gebärde, die vor den anderen nichts mehr verbarg.
Die beiden Männer erhoben sich.
Die Liebenden küßten sich mit geschlossenen Augen. Als sie die Lider hoben und ihre Lippen sich voneinander lösten, sah Costas an den Wimpern des Mädchens zwei schwere Tränen, die rannen langsam über ihre schmalen Wangen, ohne daß sie sich ihrer schämte.
Dem Jungen fuhr ein Schwert in die Brust.
Er stürzte Sikas nach und krallte sich in seiner Uniform fest, er keuchte: „Schick Helena zurück! Bitte ...“ Er hätte vor dem Mann auf die Knie fallen mögen und mit erhobenen Händen zu ihm flehen: „Schick Helena zurück!“
Sikas wandte den Kopf ab und sagte mühsam: „Ich zwinge sie nicht zu bleiben. Wenn du gehen willst, Helena ...“
Sie schüttelte stumm den Kopf.
Costas erzitterte.
Sie gingen zu jener Stelle am Bahndamm, wo die Schienen sich zur Kurve krümmten.
Als Sikas jedem einzelnen seinen Posten anweisen wollte, merkten sie, daß Costas verschwunden war. Der Alte, hochrot vor Zorn, schimpfte auf den Jungen, der sich, wie er glaubte, eigenmächtig auf Kundschaft begeben hatte, ohne einen Befehl abzuwarten.
Tanassis begütigte: Der Junge sei sehr aufgeregt gewesen, vielleicht wolle er nicht zeigen, daß er Angst habe. Vielleicht wolle er erst einmal zur Ruhe kommen – er werde schon wieder auftauchen.
Helena schwieg, ihr Herz klopfte zum Zerspringen.
Die Sonne stieg am Himmel empor, im nahen Walde lärmten die Vögel.
Sikas zog seine Uhr, er sagte: „Der Zug müßte schon hier sein.“

Tanassis klomm auf den Damm hinauf, er legte das Ohr an die Schienen, aber vergebens mühte er sich, jenes leise Summen zu vernehmen, das einen heranrollenden Zug ankündigt. Als er sich aufrichtete, fragte er: „Wo ist Costas?“, als fiele ihm jetzt erst dessen Abwesenheit auf. Nervös zerrte er an seinen Fingern. „Zum Teufel, wo steckt der Bursche?“
Helena hatte das Gesicht in den Händen vergraben, sie sagte zwischen den Fingern hindurch: „Vielleicht hat er sich zu weit vorgewagt. Vielleicht ist er gefangengenommen worden ...“
Sikas wischte sich den Schweiß von der Stirn, sein Blick ging zwischen Bruder und Schwester hin und her, er murrte: „Wenn wir Gewißheit hätten –“
Tanassis spähte, die Hand über die Augen gelegt, zum Waldrand hinüber – er hätte nicht sehnlicher auf den Bruder Nikos warten können als jetzt auf den jungen Burschen, für den er schon um der Schwester willen bangte.
Der Wind hatte sich schlafen gelegt, die Bäume standen ungerührt wie Gitterstäbe und gaben den Jungen nicht heraus.
Tanassis sagte: „Ich glaube nicht, daß er sich erwischen läßt.“
Helena ließ die Hände sinken, Entsetzen flackerte in ihrem Blick; da fügte Tanassis überstürzt hinzu: „Aber ich glaube auch nicht, daß er absichtlich fortbleibt. Mag er leichtsinnig sein – schlecht ist er nicht, Helena, nein, schlecht ist er gewiß nicht.“
Sie dachte, es wäre doch besser gewesen, wenn sie dem Bruder von dem Streit erzählt hätte, den sie an jenem letzten Tage in den Bergen mit Costas gehabt hatte.
„Wir warten noch zehn Minuten“, sagte Sikas; nun sprang ihm Mißtrauen unverhüllt aus den Augen, und Helena, jäh überfröstelt in der Ahnung ihrer Schuld, sank in sich zusammen, ausgehöhlt von der fressenden Furcht: Lieber Gott, ist es denn wirklich zu spät?
Es wurde sehr heiß. Sogar die Vögel verstummten. Nun

waren die drei allein auf der totenstillen Erde.
Helena grub die Nägel in die Handfläche, ihre Nerven brannten, sie war sechzehn Jahre alt und wartete zum ersten Male in diesem sechzehnjährigen Leben, jenes tödliche Warten, das die Sekunden zu Ewigkeiten zerdehnt, das unser Herz beim leisesten Geräusch flattern macht; ein Warten, so tief, daß die Stille in den Ohren als rasender Trommelwirbel dröhnt.
Helena dachte, wenn sie jetzt nicht aufstünde und Costas suchte, müßte sie wahnsinnig werden.
Sie stand auf, der Schrei blieb ihr in der Kehle stecken: Da waren die Soldaten über ihnen wie ein Unwetter, die drei konnten nicht einmal mehr schießen. Ein Revolver bellte. Sikas griff sich an die Brust und rollte die Böschung hinab.
Ein paar Schüsse fielen, es klang, als schlüge einer trokkene Hölzer gegeneinander.
Tanassis lag wie er hingestreckt vom Anprall des Feindes. Ein schnauzbärtiger Soldat setzte ihm die Pistole in den Hinterkopf und drückte ab. Tanassis streckte die Arme. Helena schrie nicht.
Sie begriff nicht, warum man sie schonte – bis sie in einiger Entfernung den Kommandierenden des Trupps erblickte.
Neben dem Offizier stand Costas.
Er lief auf sie zu, sein Gesicht verschwamm vor ihren Augen, es war nur noch ein heller Fleck über dem Kragen der braunen Uniform.
„Helena!“ schrie der Junge, aber seine Stimme erreichte das Mädchen nicht. Die Soldaten machten ihm Platz. Costas berührte die Schulter des Mädchens. Sie fuhr zusammen und trat einen Schritt zurück.
„Helena“, stammelte der Junge. Sie schlug die Augen zu ihm auf, in denen nichts als ein grenzenloses Erstaunen stand, und sie sagte langsam: „Du bist ja frei, Costas …“
„Ja“, sagte der Junge, „ja doch –“ Nun war eine Erklärung nicht mehr nötig, sie hatte verstanden, und sie

schüttelte den Kopf, stumm und mit törichtem Lächeln.
Auf alles hatte sich Costas gefaßt gemacht für diesen Augenblick ihrer Begegnung – daß sie ihn beschimpfen würde, ihm an die Kehle springen –, und er hatte sich zurechtgelegt, was er ihr sagen und wie er sie beruhigen wollte. Ihrer Erstarrung aber stand er ratlos gegenüber.
Ein scharfer Befehl des Offiziers jagte ihn auf.
Behutsam ergriff er Helenas Hand. „Komm doch", sagte er so sanft, als rede er einem Kinde zu. Willenlos folgte sie ihm.
Zwei Soldaten traten neben sie, einer faßte grob nach Helenas Schulter, die Richtung ihrer Schritte zu dem Offizier hinlenkend. Diese Berührung weckte das Mädchen, sie drehte den Kopf und rief: „Aber Tanassis –"
„Denen tut nichts mehr weh", sagte der Soldat und lachte.
Helena musterte ihn aufmerksam, als betrachte sie ein fremdartiges Tier, aber der Mann sah aus wie Tausende anderer Männer: ein nicht mehr junges Gesicht, nicht schön und nicht häßlich, auch nicht böse oder gefährlich, bis auf den dicken Schnurrbart ein unauffälliges Gesicht, es hätte ebensogut einem Partisanen gehören können.
„So ...", sagte das Mädchen, senkte den Kopf und ging schnell und schweigend, nun ganz gehorsam sich führen lassend, zu dem Offizier.
Es war dieser ein kleiner, sehr schlanker Mann, kaum über die Zwanzig, und hätte Helena noch etwas zu erstaunen vermocht, so hätte sie seine herrlichen dunklen Augen bewundern müssen und das zarte, blasse Gesicht, in dem auch das schwarze Schnurrbärtchen nicht über einen weiblich weichen Zug hinwegtäuschen konnte.
Des jungen Mannes Finger, dünn und gelenkig, spielten mit einer Reitpeitsche, die er offenbar nur um dieses müßigen Spiels willen mit sich herumtrug. Er warf, als das Mädchen ihm vorgeführt wurde, einen flüchtigen Blick auf sie, stutzte und faßte sie schärfer ins Auge.
Costas verfolgte unruhig das Mienenspiel des Offiziers

und atmete auf, als der sich, scheinbar gleichgültig, abkehrte und befahl, die beiden Überläufer in sein Quartier zu bringen.
Costas und Helena wurden abgeführt.

In dem neben der Kirche gelegenen Hause des Priesters von Feres wies man den Jungen und das Mädchen in ein kleines Nebengelaß, das nur von einem dicht unter der Zimmerdecke eingelassenen Fensterchen erhellt wurde.
Sie waren auf dem Wege nach Feres keineswegs feindselig behandelt worden. Daß sie dennoch als Gefangene galten, merkten sie erst, als sie in den engen Raum geführt und eingeschlossen wurden.
Der letzte Schein der Abendsonne rötete die weiße Decke, in den Winkeln des Zimmers lagerten schon die Schatten der Dämmerung.
Helena saß auf dem Strohhaufen, den man in einer Ecke aufgeschüttet hatte; sie hatte die Schuhe ausgezogen und starrte ausdruckslos auf ihre nackten Füße hinab.
Costas lehnte an der Wand, die Handflächen gegen die Steine gepreßt, und beobachtete stumm das Mädchen, das sich jetzt erhob und langsam zum Fenster ging, dessen Sims sie nur mit den Fingerspitzen berühren konnte, selbst wenn sie sich auf die Zehenspitzen stellte. Die Fensteröffnung war eben breit genug, daß sich ein geschmeidiger Mensch hindurchwinden konnte, wenn er nur erst auf das Sims gelangt war.
Sie zuckte die Schultern und wandte sich zu Costas um, mit sprechendem Blick. Nach einer Weile sagte sie, und es waren die ersten Worte, die sie hören ließ, seit sie hier eingesperrt worden waren: „Nicht leicht, hier herauszukommen."
„Draußen stehen Wachen", erwiderte Costas sachlich.
Damit riß der Faden des Gesprächs schon. Helena setzte sich wieder auf die Strohschütte. Die Zeit verstrich quälend langsam, und das Schweigen lastete auf den beiden, daß ihnen das Atmen schwer wurde.

Endlich sagte der Junge, da das Warten ihn fast zersprin-gen ließ: „Sie werden uns bald freilassen."
Helena sah ihn an, ganz fremd. „Und dann?" Diese einzige Frage war das erste Glied einer Kette von Gedanken.
„Wir können nicht zurück", sagte das Mädchen.
Der Junge hob die Arme in Abwehr. „Nein, nein, nicht zurück!"
„Sie würden uns erschießen", sagte Helena so ruhig, als handele es sich um das Schicksal fremder Menschen. „Verrat – Todesstrafe. Mord an Genossen – Todesstrafe. Das eine einzige Leben, das wir haben, reichte nicht einmal aus."
„Du hast doch nicht verraten! Du hast doch nicht gemordet!" rief der Junge. „Ich ganz allein bin schuldig."
Sie schüttelte abwehrend den Kopf. „Nein, Costas, ich bin genauso schuldig wie du. Ich wollte ja auch fort von ihnen. Ich hätte dich melden sollen – damals schon, am letzten Tag in den Bergen, als du mich zur Flucht überreden wolltest."
Der Junge lauschte angstvoll: Diese monotone Stimme konnte Helena nicht gehören, dieser unfaßbare Gleichmut nicht echt sein!
Er stürzte zu ihr und umfaßte ihre Knie. „Helena, du haßt mich! Du belügst mich – gib es zu! Und ich habe es doch nur deinetwegen getan! Um mich selbst habe ich keine Angst gehabt, das mußt du mir glauben. Aber ich wußte, daß wir bei diesem Auftrag nicht davonkommen würden, und ich wollte nicht, daß du stirbst, Helena –"
„Aber Sikas und Tanassis mußten sterben."
„Das wollte ich nicht, Helena, das schwöre ich dir! Ich dachte, man würde sie gefangennehmen, man hatte es mir versprochen, daß ihnen nichts geschehen sollte. Kann ich denn etwas dafür, daß der Offizier sein Wort gebrochen hat? Sag selbst: Kann ich etwas dafür?"
„Nein", sagte sie müde.
Der Junge forschte in ihren Zügen. Sie glaubte ihm, daran war kein Zweifel, und er schöpfte neue Hoffnung.

„Wenn wir frei sind, gehen wir weit fort –“, er lächelte schon wieder, „vielleicht finden wir sogar unsere Insel ...“
„Ja, das müssen wir wohl“, sagte das Mädchen. Und als er sie verständnislos ansah, rief sie in ausbrechender Verzweiflung: „Bis ans Ende der Welt müssen wir fliehen mit unserer Schande! Wir dürfen doch keinem anständigen Menschen mehr ins Gesicht sehen! Mein Gott, was haben wir nur getan? Mir ist alles wie ein Traum – als könnte es gar nicht wahr sein – wir haben zwei Menschen auf dem Gewissen, begreifst du das überhaupt, Costas? Zwei Menschen, mit denen wir so viele Tage lang zusammen gelebt und gegessen und gehungert und gekämpft haben – wir haben unsere Sache verraten, um uns zu retten! Man könnte wahnsinnig werden, Costas!“ Sie schlug die Hände vor das Gesicht.
Costas sprang auf und lief im Raum auf und ab – acht Schritte hin, acht Schritte zurück –, er suchte fieberhaft nach Worten, die über das Heute hinweghelfen und eine Brücke zum Morgen schlagen konnten. Schließlich kniete er neben Helena nieder und zog ihr die Hände vom Gesicht, er murmelte: „Du mußt das vergessen, Helena. Heute ist alles noch so schmerzhaft wie eine frische Wunde, aber das vergeht doch, und morgen sind wir frei, und dann –“
Da lächelte das Mädchen zum ersten Male, ein Lächeln, gemischt aus Spott und Mitleid. „Das hat dir wohl auch der Offizier versprochen?“
Der Junge nickte betreten.
„Und das glaubst du ihm? Ach, du Dummkopf! Genügt es dir nicht, daß er einmal sein Wort gebrochen hat?“
„Aber wir sind doch Überläufer –“
„Und darum bildest du dir ein, der wird uns so einfach die Tür aufmachen – mit einer höflichen Verbeugung womöglich – und sagen: ‚Bitte sehr, meine Herrschaften, ihr seid frei, da draußen ist die weite Welt, nun geht hin, wo es euch Spaß macht!‘“
„Na ja, nicht gerade so“, brummte der Junge. „Vielleicht

wird er uns noch einmal verhören – aber was soll er sonst mit uns anfangen? Daß wir nicht zurückgehen zur Volksarmee, das kann er sich an den Fingern abzählen."

Nun war das Abendrot erloschen, und die Wände rückten näher zusammen. Unter dem Fenster lärmten die Soldaten. Eine Weiberstimme kreischte.

Lauschend hoben die beiden den Kopf. Und auf einmal lachte ein Mann. Er schien das Lachen ganz tief aus der Brust heraufzuholen, es grollte dumpf in tiefem Baß, steigerte sich dann, sprang höher, hell und quirlend, überschlug sich im Diskant und endete in erschöpftem Prusten, das wie ein Schluchzen klang, als liefen dem da draußen vor Lachen die Tränen über das Gesicht.

Die Gefangenen rückten unwillkürlich näher zusammen, sie wußten, daß sie beide das gleiche empfanden bei dem verrückten Gelächter des fremden Soldaten: Jetzt erst wurde ihnen so richtig bewußt, daß sie allein waren unter Feinden, abgeschnitten von dem vertrauten Kreis der Kameraden, durch nichts verbunden mit der neuen Umwelt, und erdrückend lastete das Gefühl der Einsamkeit auf ihnen, es war, als seien nun alle Wege zum Leben versperrt. Und gleich Kindern, hinter denen in einem unbekannten dunklen Gange das Tor zur Außenwelt zugefallen ist, umschlangen sich Costas und Helena, einer bei dem anderen Trost und Schutz suchend.

Helena nahm Costas' Kopf zwischen beide Hände, lange sah sie in seine schmalen, braunen Augen, die im scheidenden Tageslicht schwach schimmerten. Sie sagte leise: „Ich sollte dich hassen, Costas. Ich kann es nicht. Ich verstehe mich selbst nicht mehr – aber ich liebe dich, Costas, und ich will mit dir gehen. Du bist doch der einzige Mensch, der mir geblieben ist."

Der Junge hatte ihrem prüfenden Blick standgehalten, ohne mit einer Wimper zu zucken, und der letzte Satz des Mädchens, den er für Verzeihung nahm und für Ergebung in ihr Geschick, beruhigte sein ohnehin leicht einzuschläferndes Gewissen ganz und gar. Er hatte schon die Erschütterung der letzten Stunden überwunden, seine

heitere, ja leichtfertige Natur befähigte ihn, schneller als andere Menschen zu vergessen; seine bewegliche Phantasie gaukelte ihm, nun er sich des Mädchens sicher wähnte, allerlei freundliche Bilder vor, die nicht einmal der Gedanke an den Tod der beiden Kameraden auslöschen konnte. Er hatte wirklich dem Versprechen des Offiziers geglaubt und hielt sich deshalb für unschuldig an dem begangenen Mord. Und wären sie nicht auch ohne seine Einwirkung dem Tode verfallen gewesen? Gewiß doch – den Kampf um den Zug hätte nicht einer von ihnen überlebt, und so waren wenigstens er und Helena gerettet.
Er hütete sich wohl, seine flüchtigen Überlegungen laut werden zu lassen, weil er Helenas Zuneigung zu ihrem Bruder Tanassis kannte. Vielmehr sann er jetzt nur noch darauf, wie sie sich von hier entfernen könnten, und er erwartete mehr mit Verdruß als mit Furcht das Verhör durch den jungen Leutnant, das ihm angekündigt worden war.
Er sagte ohne Übergang: „Nimm dich vor dem Offizier in acht, Helena! Wie der dich angestiert hat –“
„Ich habe nichts gemerkt“, erwiderte Helena zerstreut.
„Aber ich desto mehr!“ Costas spuckte aus. „Ein richtiges Bürgersöhnchen: Taille wie ein Mädchen, und eingebildet – du lieber Himmel! Wie er sich spreizt, wie er trippelt – ein Pfau, bah!“ Er lachte verächtlich. Nach einer Weile setzte er hinzu: „Aber ein hübscher Kerl ist er doch. Ein paar Augen hat er im Kopf, einfach zum Verlieben ...“
Helena griff sich an den Kopf. „Verschone mich mit deinem Geschwätz, Costas, ich bitte dich! Wie kannst du jetzt an die Augen von diesem Menschen denken? Hast du wirklich nichts Wichtigeres zu überlegen? Oder –“ Sie zog die Mundwinkel herab und fragte gereizt und boshaft: „Oder bist du etwa auf den auch eifersüchtig?“
Das war denn doch zuviel, und Costas schlug mit der Faust auf die Diele. „Du hältst mich wohl für einen Verrückten, wie? Mit Tadschidis war das etwas ganz anderes,

aber daß du dich am Ende noch in einen Faschisten verlieben könntest – Blödsinn! Fällt mir nicht im Traum ein.“ Er war sehr laut geworden, um die Stimme seines schlechten Gewissens zu überschreien. Er dachte: Ich sehe ja schon Gespenster. Das ist doch krankhaft, überall wittere ich Nebenbuhler, die mir die Helena wegnehmen wollen, Idiot!

Er mäßigte sich. Er sagte: „Du bist so schön, Helena, daß sich alle Männer nach dir umdrehen müssen. Wenn er dich haben wollte ... Wir könnten ja gar nichts tun, wir sind ganz wehrlos.“

Helena antwortete ruhig: „Das laß deine Sorge nicht sein. Wenn er mir zu nahe kommt, reiße ich ihm seine schönen Augen aus dem Kopf, darauf kannst du dich verlassen. Und dann –“ Sie hielt inne. Sie drückte den linken Arm an die Brust, daß sie unter dem rauhen Tuch der Uniformbluse das kurze Messer spüren konnte; sie trug wie die meisten Partisanen an einer um die Schulter geknüpften Schnur einen Dolch, der an der Seite, dicht unter der Achselhöhle, auf der bloßen Haut hing.

Der Junge wartete, dann fragte er: „Na, und dann? Willst du ihn mit nackten Händen erwürgen, he?“

Sie zog die Brauen zusammen vor Unwillen über seinen Spott, beugte sich zu ihm und raunte: „Sie haben mich nicht einmal richtig durchsucht, nur die Pistole haben sie mir abgenommen –“

Der Junge ahnte nichts Gutes, beklommen fragte er: „Du hast doch um Gottes willen nicht noch eine Waffe bei dir?“

„Aber sicher!“ rief sie triumphierend, knöpfte die Bluse auf, riß die Schnur von der Schulter und zog das Messer aus der Lederscheide. Es war inzwischen so dunkel geworden, daß Costas den länglichen, daumenbreiten Gegenstand in ihrer Hand nur schattenhaft bemerkte. Er tastete danach und fühlte die dreikantige Klinge, die noch warm war von Helenas Körper. Er fluchte.

„Wirf das Ding aus dem Fenster, Helena! Wenn sie das bei dir finden, stellen sie dich an die Wand.“

Sie entwand ihm wortlos das Messer und stieß es unter die Strohschütte.
Vergebens stellte er ihr die Gefahr und die Folgen einer Entdeckung vor. Das Mädchen blieb eigensinnig. „Für den äußersten Fall, Costas!“
So mußte er sich fügen.
Lange fanden die beiden Gefangenen keinen Schlaf. Es war ein ständiges Kommen und Gehen im Hause des Priesters, Türen wurden zugeschlagen, manchmal hörte man auf der Diele die hohe Stimme des jungen Offiziers Befehle erteilen, dann stießen Gewehre auf die Steine, und nackte Füße platschten vor der Tür des Raumes, in dem die beiden lagen, dicht aneinandergedrängt, unruhig lauschend und bereit aufzuspringen, wenn man sie zum Verhör holen sollte. Aber der Offizier schien sie für diesen Abend vergessen zu haben, sie bekamen auch kein Essen; Hunger und Furcht hielten sie Stunde um Stunde wach.
Gegen Morgen schreckte sie verworrener Lärm aus kurzem Schlafe auf. Trübes Frühlicht kroch durch das enge Fenster, draußen im Hofe quirlten Rufe und Befehle durcheinander, über denen siegreich die hohe dünne Stimme des Offiziers pfiff.
„Nein! Nein!“ gellte ein Mann, da zerschnitt schon das letzte „Nein“ ein feiner, scharfer Ton, der die beiden auf der Strohschütte zusammenzucken ließ, als hätten sie den Schlag empfangen. Der Mann im Hofe fluchte, in einer Flut wilder Beschimpfungen ertrank für Augenblicke das Sirren der Peitsche.
Reglos, wortlos lagen Costas und Helena.
Plötzlich verstummte der Mann. Die Riemen schwirrten und löschten jeden anderen Laut.
Dann begann der Mann zu schreien.
„Diese Schweine“, stöhnte der Junge, „diese verfluchten Schweine ...“
Das Mädchen zitterte wie im Fieber. „Warum, Costas, warum –?“
„Ich weiß nicht“, flüsterte der Junge. „Ich weiß doch

nicht – vielleicht soll er aussagen – so verhören sie unsere Leute –“ Er hätte sich die Zunge abbeißen mögen für diese Worte.
Schrei um Schrei stieß in den dämmergrauen Himmel.
Der Junge stammelte: „Du brauchst dich nicht zu fürchten, wir sind keine Gefangenen, wir sind Überläufer. Uns verhören sie nicht – nicht so, Helena. Bitte, du darfst keine Angst haben –“
Das Geheul des Mannes im Hofe hatte nichts Menschenähnliches mehr.
Helenas Zähne schlugen aufeinander, sie hatte nicht mehr die Kraft, sich die Ohren zuzuhalten. Mit dem ganzen Körper legte sich Costas über das Mädchen, er drückte ihren Kopf in das Stroh, damit sie das wölfische Geheul da draußen nicht hörte, und er dachte: Wenn sie Helena anfassen, bringe ich den geschniegelten Kerl um, und wenn alles zum Teufel geht!

Am hellen Vormittag wurde Costas zum Verhör geholt.
Zwei Soldaten führten ihn in das Zimmer des Offiziers; augenscheinlich war es ehemals der Arbeitsraum des Priesters gewesen: Es gab hier ein Bücherregel, einen plumpen Schreibtisch und an den gelbgetünchten Wänden ein Kruzifix und schlechte Öldrucke, Szenen und Gestalten aus dem Alten Testament darstellend.
Ein Soldat blieb an der Tür mit entsichertem Revolver stehen.
Das wurmte Costas, weil es das Gefühl des Ausgeliefertseins in ihm verstärkte, und heftiger als beabsichtigt rief er: „Wir haben noch nichts zu essen bekommen! Wir werden wie Verbrecher behandelt! Wir sind doch keine Gefangenen!“
Der junge Mann, das Kinn auf die bleiche, schmale Hand gestützt, hörte zu mit höflich abwartendem Lächeln. Er sagte: „Ihr werdet selbstverständlich Essen bekommen – wenn es an der Zeit ist. Im übrigen: Ihr seid keine Gefangenen, in diesem Punkte sind wir uns einig. Aber du wirst Verständnis dafür haben, daß wir gewisse Sicherheits-

maßnahmen anwenden müssen, bis alles restlos geklärt ist."

„Es ist doch alles geklärt!" unterbrach Costas hitzig. „Wir sind geflohen, und wir verlangen jetzt unsere Freilassung!"

„Ihr werdet auch freigelassen – wenn es an der Zeit ist", erwiderte der junge Mann mit gleichbleibender Höflichkeit. „Im übrigen: Ihr habt nichts zu verlangen, gar nichts, lieber junger Freund, das wollen wir gleich klarstellen, bevor wir uns unterhalten, nicht wahr?"

Mit unverhohlenem Widerwillen betrachtete Costas das schöne, blasse Gesicht des anderen, an dem ihn alles ärgerte: seine Höflichkeit, seine gedrechselte Sprache, die freundlich-überlegene Art, mit der er ihn, Costas, seinen „lieben jungen Freund" nannte – dieser Schnösel, der knapp fünf Jahre älter sein mochte!

„Ich wüßte nicht, worüber wir uns noch unterhalten sollten", sagte er verdrossen.

Die strahlenden schwarzen Augen des Offiziers verengten sich unmerklich, aber sein Gesicht blieb freundlich, als er dem aufgebrachten Jungen auseinandersetzte: Er brauche gewisse Informationen über die Abteilung der Volksbefreiungsarmee, der er, Costas, bislang angehört habe, und er glaube, in dieser Angelegenheit nicht umsonst an die Vernunft des Jungen zu appellieren ...

Costas setzte ein Schafsgesicht auf.

Der Offizier ging, mit fast fraulicher Anmut sich in den Hüften wiegend, vor dem Schreibtisch auf und ab, blieb dann vor Costas stehen und blickte ihm gerade ins Gesicht. „Ich denke, wir verstehen uns."

„Nein", knurrte Costas.

Und geduldig wiederholte der junge Mann: „Wir brauchen Angaben über Stärke und Bewaffnung deiner Einheit, über ihren genauen Standort, über Verbindungen zu anderen Einheiten, kurz –", er lächelte, „einige sogenannte militärische Geheimnisse."

Costas biß sich auf die Lippen.

„Nun", fragte der Offizier. Er wippte auf den Zehenspit-

zen, seine langen, gelenkigen Finger spielten nachlässig mit dem Koppelschloß.
„Von mir erfahren Sie nichts“, sagte der Junge. Und da der Offizier gelassen schwieg, rief er erregt: „Das ist gegen die Abmachung! Wir sind freiwillig gekommen, genügt es nicht, daß Sie unsere Kameraden haben erschießen lassen? Dabei hatten Sie mir Ihr Wort gegeben, daß ihnen nichts geschehen würde!“
„C'est la guerre“, sagte der Offizier. „Das ist der Krieg“, übersetzte er dem Bauernjungen. „Militärische Notwendigkeit –“
Costas machte eine ungeduldige Handbewegung. „Das glauben Sie doch selbst nicht! Aber jetzt gebe ich Ihnen mein Ehrenwort, und Sie können sich darauf verlassen: Über unsere Abteilung erfahren Sie nichts, hören Sie? – nicht ein Wort, und wenn Sie mich totschlagen lassen!“
Für Sekunden flackerte ein böses Licht in den dunklen Augen des Mannes, seine Hand zuckte empor, Costas dachte, der andere wolle ihn schlagen. Aber da hatte sich der Offizier schon wieder in der Gewalt, er lachte.
„So seid ihr alle“, sagte er. „Ich glaube dir sogar. Obwohl –“ und jetzt war seine hohe Stimme messerscharf, „obwohl: Wer einmal verraten hat, der tut es auch ein zweites Mal ...“
Der Junge wurde fahl, er trat einen Schritt zurück.
Der Mann war befriedigt. Sanft fuhr er fort: „Außerdem lehrt die Erfahrung, daß auch sehr tapfere Männer weich werden – unter gewissen Umständen. Ich meine: Wir haben da einige probate Mittel, die selbst Tote zum Reden bringen können –“
Costas erwiderte verbissen: „Ich habe schon einmal gesagt, daß Sie mich totschlagen können, ich werde nicht aussagen.“ Aber er mußte zu Boden blicken, damit der andere nicht die Angst in seinen Zügen las, weil das wölfische Geheul des Gefolterten in seinen Ohren gellte und ihn schaudern machte.
„So, so ...“ Wieder wanderte der Mann im Zimmer auf

und ab, betrachtete einen Öldruck, der in grellen Farben Judith mit dem Haupt des Holofernes zeigte, und sagte, ohne sich umzuwenden: „Das Mädchen, das du bei dir hast – ein hübsches Mädchen übrigens, man möchte beinahe sagen: eine Schönheit –, das Mädchen liebst du, nicht wahr?“ Er drehte sich auf dem Absatz um, so rasch, daß Costas nicht mehr sein tiefes Erschrecken verbergen konnte.

„Nun?“

Costas wandte den Kopf ab.

Der Offizier trat ganz dicht an ihn heran. Dem Jungen stieg ein feiner Duft in die Nase, der von den Kleidern des Mannes ausging, und er dachte verächtlich: Er parfümiert sich, der Affe ... Er mühte sich zu ergründen, von welcher Blüte dieser Duftstoff stammen mochte, während der Mann sagte: „Nun, wer wird denn so schamhaft sein, lieber junger Freund! Du hast einen guten Geschmack, alles was recht ist –“

Rosen, dachte der Junge, wahrscheinlich Rosen, es soll ja im Norden ganze Felder davon geben.

Der Offizier wiederholte versonnen: „Wirklich, beinahe eine Schönheit ...“

Costas hätte ihn ohrfeigen mögen, hätte nur eben nicht der Soldat mit der Pistole hinter ihm gestanden.

In leichtem Plauderton fuhr der junge Mann fort: „Glaubst du, daß sie auch stumm bleiben würde? Unter uns: Ich glaube es nicht ... Mädchen sind so empfindlich, weißt du, manche werden schon schwach, wenn sie nur eine Peitsche sehen, geschweige denn –“ Er unterbrach sich: Kleine Schweißtropfen standen auf der Stirn des Jungen, er atmete schwer, hob beide Hände gegen den Mann und sagte mit bebender Stimme: „Sie dürfen ihr nichts tun, bitte ...“

„Aber wer spricht denn davon?“ fragte verwundert der Offizier. Und nach kurzer Pause, während der er Costas scharf beobachtete, fügte er hinzu: „Das hängt doch nur von dir ab.“

Ehe der verstörte Junge noch eine Antwort fand, winkte

der Mann dem Soldaten. „Abführen!“
Costas stolperte aus dem Zimmer, seine Knie waren weich wie Watte.
Er fiel auf das Stroh und legte die Hände auf die Stirn, sein Kopf schmerzte zum Zerspringen. Helena kniete vor ihm nieder, sie fragte besorgt: „Wie war es, Costas? Was wollte er wissen?“
„Das kannst du dir doch denken“, antwortete der Junge müde. „Aussagen sollte ich machen – über unsere Abteilung, weißt du.“
„Du hast doch nichts gesagt?“ rief das Mädchen.
„Nein, natürlich nicht.“ Er starrte mit leeren Augen zur Decke hinauf, mit Anstrengung versuchte er kühlen Gleichmut zur Schau zu tragen, aber seine Handflächen waren feucht von Schweiß.
Unvermittelt sagte das Mädchen: „Es wird ja doch nie wieder so werden, wie es einmal war, Costas.“
Er warf den Kopf herum. „Wie meinst du das, Helena?“
„Das weißt du so gut wie ich“, sagte sie. Sie saß mit hängenden Schultern und sprach auf ihre gefalteten Hände hinab, mit ganz fremder Stimme. „Wenn wir hier lebend herauskommen, wohin sollen wir dann gehen? Immer wird uns die Vergangenheit nachrennen. – Oder glaubst du, daß wir einmal Ruhe finden werden? Wir haben für unsere Freiheit einen zu hohen Preis bezahlt, das ist es, Costas.“ Er wollte sie unterbrechen, aber sie legte ihm die Hand auf den Mund. „Hör mir zu, Costas, es hat keinen Zweck, daß wir uns belügen. Ich gehe mit dir, weil es keine Umkehr mehr gibt –“
„Hör auf“, stöhnte der Junge, „hör um Gottes willen damit auf!“ Plötzlich schrie er unbeherrscht: „Willst du mich wahnsinnig machen? Warum hast du mich nicht gleich über den Haufen geschossen? Nun ist es doch einmal geschehen, und es war die einzige Möglichkeit, uns zu retten, warum quälst du mich jetzt bis aufs Blut?“
Sie hatte seine wilden Vorwürfe schweigend über sich ergehen lassen, nun erwiderte sie hoffnungslos: „Du hast si-

cher recht, Costas. Wir wollen nicht mehr darüber sprechen. Wir haben noch so viele Jahre vor uns, vielleicht wird das Leben doch noch einmal schön." Sie strich ihm die feuchten Locken aus der Stirn; der Junge merkte nicht, daß sie nur ihren unruhigen Händen zu tun geben wollte.
Die Tür wurde aufgeschlossen, ein Soldat rief: „He, Mädchen, zum Leutnant!"
Sie hatte die Schwelle noch nicht überschritten, da stürzte Costas ihr nach und drängte sich zwischen sie und den Soldaten. „Helena, warte! Nehmt mich mit!"
Der Mann stieß ihn zurück. „Nur das Mädchen! Hast du keine Ohren am Kopf?" Und er schlug dem Jungen die Tür vor der Nase zu.
Einen Moment stand Costas wie betäubt, dann warf er sich gegen die Tür und schrie: „Nehmt mich doch mit! Ich will mitkommen! Helena!" Er trommelte mit beiden Fäusten gegen das Holz. „Aufmachen!"
Die Schritte der beiden hatten sich längst entfernt. Der Junge drängte sich gegen den Pfosten und drückte das Ohr an das Schlüsselloch. Es blieb grabesstill in der Diele, und der Junge rutschte, die Finger um den Pfosten gekrallt, an dem glatten Holz nieder.

Vom Scheitel bis zu den Füßen maß der Offizier das Mädchen, das vor ihm stand, sehr aufrecht, sehr ruhig – nur die roten Flecken auf den Wangen verrieten ihre Erregung. Die Uniformbluse bauschte sich über dem enggeschnallten Gürtel, die Zöpfe hingen über ihre Brust herab, sie wartete mit gesenkten Wimpern.
Er schob ihr einen Stuhl hin. „Setz dich!"
Sie blieb stehen.
Der Mann zuckte die Schultern. „Wenn es dir so angenehmer ist –" Er schwang sich auf eine Ecke des Schreibtisches, jede seiner Bewegungen war von ganz natürlich wirkender Grazie, die noch unterstrichen wurde durch die tadellos sitzende Uniform und die gepflegten Hände, die sich ständig mit etwas zu schaffen machten – bald

glättete er sein sorgfältig gestutztes Schnurrbärtchen, bald spielte er mit dem Griff seiner Reitpeitsche oder klopfte sich ein Stäubchen von der Hose.
„Du weißt, weshalb ich dich rufen ließ“, sagte der junge Mann nach wohlberechneten Minuten des Wartens.
Helena blickte nicht auf, sie hatte sich vorgenommen, kein Wort zu sprechen.
„Mir scheint, du lehnst es ab, dich mit mir zu unterhalten.“
Schweigen.
„Nehmen wir an, du weißt, was ich von dir will.“
Schweigen.
Der Leutnant lachte. „Du gefällst mir. Du bist ein hübsches Ding, bei Gott!“ Er blies über seinen Ärmel und sagte träumerisch: „Wenn ich wollte, könnte ich dich heute nacht bei mir im Bett haben.“
Helena schluckte, die Zehen ihrer nackten Füße krampften sich zusammen.
Das entging dem Mann nicht; er winkte dem Soldaten an der Tür, sich zu entfernen. „Wenn es dir lieber ist, sprechen wir unter vier Augen.“
Die Tür klappte, der Posten war gegangen.
An der Fensterscheibe summte eine Fliege. Helena stemmte die Fersen gegen den Boden, unter den gesenkten Lidern blickte sie verstohlen im Zimmer umher.
Der Leutnant beobachtete sie augenscheinlich amüsiert. „Hier gibt es durchaus keine Waffen, mein schönes Kind –, falls du Lust haben solltest, mir zu nahe zu kommen.“
Die gestraffte Haltung des Mädchens lockerte sich.
„Um auf unsere Sache zurückzukommen: Möchtest du mir ein bißchen von eurer Abteilung erzählen? Nein, das möchtest du nicht? Das habe ich mir gedacht, gleich als ich dich sah. Weißt du, ich habe einen Blick für so etwas, ich weiß sofort, ob ich aus einem Menschen etwas herausbekomme oder nicht ... Ich könnte dir da die tollsten Geschichten erzählen von Leuten, denen man jedes Glied einzeln abhacken kann, verstehst du, und sie sagen kein

Wort. Natürlich schreien sie – du lieber Himmel, schließlich sind sie auch bloß Menschen, nicht wahr? Wirklich, man staunt, was ihr so aushalten könnt; manchmal frage ich mich: Woher nehmt ihr bloß diesen Mut, diese nahezu übermenschliche Kraft?“

Alles dies plauderte er im liebenswürdigsten Ton daher, als führte er eine belanglose Unterhaltung über das Wetter, und das Mädchen, obwohl es sich den Anschein gab, als höre es diesem selbstgefälligen Geschwätz nicht zu, mußte ihre ganze Willenskraft aufbieten, um ihre Furcht nicht unversehens durch eine Geste oder einen unbedachten Ausruf zu verraten.

Mit seiner Reitpeitsche beklopfte der Offizier zärtlich seine Stiefel. Ohne Übergang fragte er: „Warum bist du eigentlich übergelaufen?“

„Ich bin nicht übergelaufen“, sagte das Mädchen scharf.

„Aha, du kannst also doch sprechen.“ Der Mann lachte laut auf. Und nachdenklich fuhr er fort: „Weißt du, mich interessiert das – psychologisch sozusagen. Ist das nicht eigenartig: Du kommst so mir nichts, dir nichts in unser Lager, man sollte annehmen, daß dir das sinnlose Abzappeln der da drüben zum Halse raushängt – und andererseits möchtest du uns, deren Schutz du in Anspruch nimmst, nicht einmal eine kleine Mitteilung machen, zur Belohnung gewissermaßen ... Du mußt zugeben, daß da ein Widerspruch ist, stimmt's?“

Das ist unerträglich, dachte Helena, ihr schwindelte vor Hunger, und sie fühlte, daß dieser höflich erbarmungslose Mann sie allmählich zermürbte. Würde er sie schlagen, sie beschimpfen – alles das wäre leichter zu ertragen ...

Ihr lebendiges Gesicht mußte wohl doch einen Schimmer ihrer Gedanken widergespiegelt haben, denn der Leutnant leckte sich zufrieden die Lippen. „Die Partisanen sind tapfere Leute“, sagte er auf einmal. „Ihr seid die ersten Überläufer, die ich kennenlerne.“

Da hob Helena zum ersten Male die Lider, und der junge

Offizier war betroffen von der Qual, die aus ihrem Blick sprach. Er hieb heftig mit der Peitsche gegen seine Stiefel und rief schrill: „Also, Schluß jetzt mit den Faxen, meine Dame! Willst du aussagen oder nicht?“

„Nein“, sagte Helena und warf die Zöpfe auf den Rücken mit einer entschiedenen Geste, die das Endgültige ihrer Weigerung unterstrich.

Der Mann beugte sich vor und schlug sie mit der Reitgerte übers Gesicht, so überraschend, daß Helena nicht einmal den Arm heben konnte, sich zu schützen.

Der Hieb brannte auf ihrer Wange, daß ihr Tränen in die Augen traten.

Der Leutnant schüttelte den Kopf. „Ein Jammer, daß man zu solchen Mitteln greifen muß. Schade um das hübsche Gesichtchen ...“

Helena preßte die Lippen aufeinander, eine Sekunde lang sah sie in die weit geöffneten, strahlend schwarzen Augen des jungen Mannes, betastete den Striemen auf ihrer Wange und betrachtete das Blut an ihren Fingern, kehrte sich ab und ging zur Tür. Der Mann hielt sie nicht zurück. Sie hatte schon die Hand auf der Klinke, als er ihr nachrief: „Bestelle deinem Liebsten einen Gruß von mir, und ich ließe dich zu Tode peitschen – wahrscheinlich heute noch!“

Vor der Tür nahm der Posten das Mädchen in Empfang und führte es in die Zelle zurück.

Costas richtete sich auf, als er den Doppelklang der nackten Füße und der genagelten Stiefel vernahm.

Er bemerkte sofort den flammendroten Striemen auf Helenas Wange; er wollte das Mädchen umfassen, aber sie befreite sich unwillig aus seinen Armen. „Also, bitte, behandle mich nicht wie ein Kind, das sich die Knie aufgeschlagen hat ...“

Er wich bestürzt zur Seite.

Helena lachte gereizt. „Ein netter Kavalier – erst wickelt er einen ein, daß man nicht weiß, ob es ihm nicht doch Ernst ist mit seinem Gefasel; ein guterzogener junger

Mann, möchte man glauben – und dann: ein Schlag mit der Peitsche, so lässig aus dem Handgelenk heraus, weißt du – das ist sein letztes Argument."

Sie verzog das Gesicht; das Sprechen fiel ihr schwer, denn jedes Wort jagte einen Feuerstoß durch die aufgerissene Wange. Sie duldete es nun auch, daß der Junge ihr mit seinem Hemdärmel die Blutströpfchen von der Haut tupfte, aber sie schob ihn sofort zurück, als wieder der Schlüssel im Schloß knirschte.

Der schnauzbärtige Soldat, der Tanassis erschossen hatte, brachte eine Schüssel Bohnen, die er wortlos, mit neugierigem Blick auf die beiden Gefangenen, an der Schwelle niedersetzte.

Sie fielen über das Essen her, es stillte nur notdürftig den wütenden Hunger. Costas leckte den Blechnapf aus, blickte betrübt in die spiegelblanke Rundung und seufzte. „Schade. Jetzt habe ich erst richtig Hunger gekriegt." Er warf den Napf an die Wand, daß es schepperte, und lachte über die hurtigen Sprünge, die das Blechgefäß auf dem Fußboden vollführte.

Helena war aufgestanden und schaute auf den Jungen herab, der mit untergeschlagenen Beinen auf dem Stroh kauerte, in unbegreiflicher Sorglosigkeit sich über sein läppisches Spielzeug amüsierend. Die wirren Locken fielen ihm auf die Brauen, seine Zähne blinkten, in seinem am Halse weit offenstehenden Hemd bot er das Bild eines fröhlich Unbekümmerten, das in grellem Gegensatz zu der armseligen Zelle und der Gefahr stand, die in jedem ihrer Winkel lauerte.

Niemals hatte Helena ihre trostlose Lage so bitter empfunden wie in diesem Moment; sie kam sich so viel reifer vor als dieser Junge in seiner kindlichen Heiterkeit, den die grotesken Sprünge eines zerbeulten Blechnapfes von den Sorgen ablenken konnten, die sie, Helena, unablässig gefangenhielten. Sie hätte ihm böse sein mögen, weil er durch sein leichtfertiges Gehabe gleichsam die Verantwortung für ihn auf sie abwälzte. Jedoch empfand sie zu ihrer Verwunderung keine Spur von Mutlosigkeit, viel-

mehr sann sie desto eifriger darauf, wie sie der Falle entschlüpfen könnten.
Sie spähte zu dem engen Fenster hinauf, es war nicht einmal vergittert, schließlich hatte ja der Priester nicht damit gerechnet, daß dieses Gelaß, das ihm als Abstellraum gedient haben mochte, einstmals Kriegsgefangene beherbergen würde.
Das Mädchen prüfte die Entfernung vom Fußboden zum Fensterbrett, nahm einen kurzen Anlauf und sprang hinauf, mit beiden Händen nach dem Sims greifend. Sie hatte es kaum mit den Fingerspitzen berührt, als sie schon abrutschte, wobei sie sich Hände und Zehen an der rauhen Mauer aufschrammte.
Costas tippte sich an die Stirn. „Das ist einfach albern, Helena! Und wozu die ganze Turnerei? Es kann gar nicht mehr lange dauern, dann spazieren wir ganz friedlich zur Tür hinaus."
„Man möchte dich beneiden um deine Zuversicht – oder soll ich es ‚Dummheit' nennen?" Und in endlich ausbrechender Wut ihn an der Schulter zu sich herumreißend, rief sie schrill: „Einen Gruß soll ich dir bestellen von dem Leutnant – er ließe mich totpeitschen, wahrscheinlich heute noch – das sind seine eigenen Wort, daß du es nur weißt!"
Sie hatte ihn treffen wollen und aufrütteln – aber auf eine solche Wirkung ihrer Worte war sie nicht gefaßt: In raschem Wechsel malten sich Unglauben, Abwehr und Entsetzen auf dem Gesicht des Jungen, er taumelte, und sie ergriff seinen Arm, weil es schien, als müsse er gleich vornüberschlagen.
Schon bereute sie ihre Voreiligkeit, sie versuchte ihn zu beruhigen, wollte ihm einreden, es sei wohl nur eine leere Drohung gewesen: „Tote können nicht mehr aussagen, und er will doch nur eine Aussage damit erpressen –" Aber sie glaubte selbst nicht an das, was sie da hastig hervorsprudelte. Sie wußte nur zu gut, wessen dieser Mensch fähig war.
„Er ist ein Teufel!" rief Costas. „Ach, du kennst ihn nicht

– der kann dich mit dem freundlichsten Lächeln zu Tode foltern – er ist tausendmal schlimmer als einer, der drauflosschlägt und dich anbrüllt!“
Unwillkürlich nickte Helena.
Diese stumme Bestätigung brachte den Jungen fast von Sinnen, er wußte ja, worauf die Drohung des Mannes abzielte und daß sie weniger dem Mädchen galt als vielmehr ihm, dessen Widerstand der Offizier nicht wirksamer begegnen konnte ...
Wie ein gefangenes Raubtier lief Costas im Raum herum, keines zusammenhängenden Gedankens fähig, im jähen Gegeneinander der Empfindungen bald ohnmächtig tobend, bald verzagt jammernd – bis ihm Helena in den Weg trat und ihn zum Stehenbleiben zwang. Sie sagte, sanft und entschieden zugleich: „Quäl dich nicht mit Vorwürfen, Costas. Soll er zu diesem letzten Mittel greifen – wir dürfen uns nicht schwach zeigen. Das ist unsere einzige Rechtfertigung vor denen, die wir verraten haben.“
„Ja“, sagte der Junge, „ja, Helena“, und er legte sein Gesicht auf ihre Hände und weinte.
Bis zum Abend saß er im Stroh; manchmal zuckte ein Hoffnungsstrahl in ihm auf, aber die endlosen Stunden des Wartens taten das ihre, und mit den Schatten der Dämmerung wuchs aus seinem dumpfen Grübeln das Bild einer blutüberströmten Helena; sein verwirrtes Gehirn gaukelte ihm die Szene ihrer Folterung mit einer solchen Eindringlichkeit vor, daß er mehr als einmal lauschend den Hals reckte, weil er ihre Schreie im Hof zu vernehmen glaubte.

Der schnauzbärtige Soldat öffnete die Tür.
Costas biß sich auf die Knöchel – in diesem winzigen Zeitraum zwischen dem Knirschen des Schlüssels und dem Ruf des Soldaten: „Zum Verhör!“ faßte er einen Entschluß; diesmal würde ihn der Mann nicht zurückstoßen können, er würde statt des Mädchens gehen.
Sekundenlang noch blieb er sitzen, mit törichtem Ge-

sicht, ehe er begriff, daß der Ruf des Schnauzbärtigen ihm, Costas, galt. Dann sprang er auf – kein Blick mehr, kein Wort für Helena –, er hastete zur Tür, lief dem Soldaten voran und stand, atemlos vor Erregung, auf der Schwelle zum Zimmer des Offiziers.
„Leutnant, ich –" Der Satz blieb ihm im Halse stecken: Der Mann kam ihm entgegen, sein Lächeln war ohne Bosheit. Er führte den Jungen zu einem Stuhl und drückte ihn auf den Sitz nieder, er sagte behutsam: „Ich sehe, wir verstehen uns, lieber junger Freund –"
Costas nickte mechanisch, mit steifem Nacken. Er fuhr sich mit der Zunge über die trockenen Lippen und fragte, jedes einzelne Wort so mühevoll formend, als müsse er sich in eine fremde Sprache hineinfinden: „Und Helena geschieht nichts? Sie lassen uns frei – gleich danach?"
„Mein Wort darauf!" sagte der Offizier.
Costas schob den Stuhl zurück, stand, die Hände hinter dem Rücken verschränkt, vor dem Schreibtisch, auf dem im Schein zweier Kerzen die leeren Blätter eines Notizbuches gelblich schimmerten. „Fragen Sie!"
Der Leutnant hatte schon einige Dutzend Verhöre geführt. Er hatte Männer und Frauen befragt, die, mochten ihre Leiber zerrissen sein von zahllosen Wunden, stumm blieben wie die Wand. Er hatte auch einige befragt, deren Widerstand durch die Folter gebrochen war, die in der armseligen Hoffnung auf Erlösung – als hätten sie vergessen, daß im besten Falle Makronissos auf sie wartete – ein paar magere Aussagen stammelten. Niemals aber hatte er unter den Gefangenen einen Menschen wie diesen Jungen kennengelernt, der, nicht einmal für sein eigenes, sondern um ein fremdes Leben bangend, wie ein Automat sprach, bewußt verratend, auf jede Frage eine präzise Antwort gebend ...
Der junge Mann blickte nicht auf; seine Feder flog über das Papier und füllte Seite um Seite mit genauen Angaben über Stärke und Bewaffnung der Einheit, über die schwachen Punkte ihrer Stellung und über Verbindungen zu anderen Einheiten.

Endlich klappte der Leutnant das Notizbuch zu, er sagte: „Wir werden, soweit das möglich ist, die Angaben prüfen. Wenn du uns belogen hast –“
Er schob das Büchlein in die Brusttasche, hob den Kopf und musterte den Jungen mit Neugierde. Er dachte: Dieser Bursche ist entweder ein ausgekochter Schuft oder er liebt wie kein zweiter ... Und da er als vortrefflich erzogener Sohn eines Großkaufmanns eine humanistische Bildung genossen hatte, suchte er sich Werke klassischer Autoren ins Gedächtnis zurückzurufen. Er erinnerte sich dunkel, es müsse bei irgendeinem Schriftsteller der Antike Parallelen zu diesem absonderlichen Fall geben ... Es wollte ihm indes nicht einfallen, es war auch müßig, über die Seelenregungen eines elenden zerlumpten Partisanen zu philosophieren – er hatte sein Ziel erreicht und beglückwünschte sich im stillen zu seinem psychologischen Kunstgriff, der zwar nicht neu, offenbar aber immer noch wirksam war.
Das Verhör hatte kaum eine Viertelstunde gedauert, aber Costas Chalkidis hatte ein Menschenleben lang in diesem Zimmer gestanden, und im Kerzenlicht schienen seine Züge eingefallen und um Jahre gealtert.
Erst als der Leutnant dem Posten winkte, begriff Costas, daß schon alles zu Ende war. Seine aufrechte Haltung erschlaffte, Schweiß brach ihm aus allen Poren, und er stützte sich schwer auf die Tischplatte.
„Du kannst nun gehen“, sagte der junge Mann, und ein Klang von Anteilnahme erwärmte seine hohe Stimme.
Costas ging zur Tür, vorsichtig Fuß vor Fuß setzend.
„Morgen werdet ihr entlassen“, rief der Mann ihm nach, aber es blieb unklar, ob der Junge das noch gehört hatte. Der Offizier wunderte sich, der Bursche hatte wahrhaftig eine Miene aufgesetzt, als werde er geradenwegs zur Hinrichtung geführt.

Costas lehnte am Türpfosten, aschgrau, mit nasser Stirn; sein verstörter Blick fuhr über Helena hin, und die wagte keine Frage.

Er streckte sich im Stroh aus, der Weg vom Türpfosten bis zu der Schütte war meilenweit gewesen.
„Hat er dich geschlagen?“
Costas gab keine Antwort.
Helena strich über seinen Rücken, der Junge regte sich nicht. Er schien offenbar unverletzt. Gerade dieser Umstand, der sie doch hätte erleichtern müssen, beunruhigte das Mädchen; sie konnte sich seine Schwäche und Geistesabwesenheit nicht erklären, und er wich beharrlich ihren Fragen aus. Sie begriff nur so viel, daß für sie keine Gefahr mehr bestünde; damit mußte sie sich schließlich zufriedengeben. Da sie indessen an sich selbst erfahren hatte, wie der junge Offizier mit Gefangenen umzuspringen pflegte, glaubte sie, dem Jungen sei Gleiches begegnet, und sie faßte sich in Geduld. Sie hatte in diesen letzten Tagen das Warten gelernt.
Aber auch in der Nacht und am darauffolgenden Morgen war nicht das geringste aus Costas herauszubringen. Wie er dalag, stumm, untätig, ganz gegen seine heitere, mitteilungsbedürftige Natur, erweckte er den Anschein, als sei sein Geist zerrüttet, und Helena, die Costas auch in mißlichen Lagen nicht anders als beweglich und lebhaft kannte, überfiel manchmal eine bange Ahnung, die sich jedoch niemals zum Argwohn verdichtete.
Sie selbst war in den Tagen und Nächten ihrer Gefangenschaft ruhig, ja gleichgültig geworden. Die rasch aufeinanderfolgenden Schicksalsschläge, der jähe Wechsel der Empfindungen hatte sie betäubt; zweimal innerhalb weniger Tage hatte sie mit ihrem Leben abgeschlossen – nun suchte sie nur noch Ruhe.

Gegen Mittag des dritten Tages brachte ein Soldat den Gefangenen ein Bündel Kleider; die Uniformen mußten sie ausziehen. Helena begriff noch nicht, was dieser Kleiderwechsel bedeutete, da aber Costas ohne Umstände seine Uniformjacke auszog und in einen grauen Bauernkittel schlüpfte, folgte sie ohne Frage seinem Beispiel. Ein Rock war ihr ungewohnt, und sie wunderte sich, daß sie die Uniform so einfach abstreifen konnte, ganz schmerzlos, als habe sie nicht gleichsam die Haut gewechselt.

Im letzten Augenblick erinnerte sie sich ihres Messers, sie zog es unter dem Stroh hervor und steckte es zu sich, obgleich diese lächerliche Waffe ihnen auch nicht mehr viel nützen konnte.

Zwei Soldaten führten die beiden Jungen aus dem Haus und durch das Dorf. Da der Offizier sich nicht noch einmal hatte sehen lassen und die Soldaten hartnäckig schwiegen, blieben Costas und Helena bis zum Schluß in Ungewißheit über das, was mit ihnen geschehen sollte.

Sie gingen über die Dorfstraße, vor den Häusern blühten Obstbäume. Die Sonne stand schon hoch am Himmel, Staub stieg in kleinen Wolken zwischen den Füßen der beiden auf.

Sie bogen um eine Ecke, an der ein kalkweißer Meilenstein blendete. Nun waren sie schon bei den Feldern.

Die Soldaten marschierten gleichmütig weiter, von ihren stumpfen Gesichtern war nichts abzulesen. Helena dachte: Das kennt man doch. Noch eine Ecke – dann werden sie sagen: Lauft! Und dann werden sie schießen ... Warum eigentlich so viele Umstände? Sie hätten uns schon im Hof umlegen können. Sie hatte keine Angst, dieser Tag war auch nicht dazu angetan, Angst zu wecken – so hell war er, so warm; saftiggrün leuchteten die Felder, weiß und rosig die Wölkchen verstreuter Apfelbäume.

Ein breiter Graben, der trotz der frühen Jahreszeit kaum noch Wasser führte, trennte ein Maisfeld von einer Wiese, durch die sich ein schmaler Pfad schlängelte. Sie blieben stehen. Helena blickte sich um: Der Kirchturm von Feres war noch sichtbar, zwei oder drei Dächer schimmerten herüber. Kein guter Platz, zwei Menschen abzuschießen, das Dorf war noch zu nahe. Der Mais stand gut, die kräftigsten Stengel mochten drei Fuß Höhe haben, und aus den Ritzen der noch blattumschlossenen

Kolben zwängten sich ein paar gelbliche Blütenbüschel.
Die Soldaten nahmen die Gewehre von der Schulter. Der Unteroffizier sagte: „Lauft!"
Costas war bis jetzt ruhig gewesen, nun der Graben nur noch zwischen ihm und der Freiheit lag, zauderte er, und die Selbstsicherheit erlosch auf seinem Gesicht. Er war niemals mißtrauisch gewesen, aber der Mann in Feres hatte einmal sein Wort gebrochen, und was hinderte ihn, es ein zweites Mal zu tun? Jetzt waren ihm die beiden Überläufer nicht mehr von Nutzen, kein Hahn würde danach krähen, wenn hier zwei Schüsse fielen und später die Bauern zwei Leichen fänden. Niemand würde sie kennen, und niemand würde viel Aufhebens von ihnen machen.
Der Unteroffizier lachte und gab Costas einen Stoß. „Soll ich dich auch noch über den Graben tragen?"
Da faßte er Helenas Hand, und sie sprangen über den Wasserstreifen. Dann blickten sie sich um. Die Mienen der Soldaten waren weder freundlich noch böse. Sie hatten den Befehl bekommen, die Überläufer bis an die Grenze von Feres zu begleiten, alles weitere war deren Sache. Sie haßten die beiden nicht, sie waren ganz gleichmütig, und sie hätten mit dem gleichen unveränderlichen Gleichmut die beiden erschossen, wenn sie den Befehl dazu gehabt hätten.
„Na, lauft schon!" rief der Unteroffizier über den Graben hinweg. „Ihr seid frei!"
Es dauerte eine Weile, bis ihnen diese letzten drei Worte vom Ohr ins Gehirn gedrungen waren. Sie gingen sehr langsam, um ihre Furcht nicht zu verraten, und sie dachten während der ersten zehn Schritte immer noch, nun müßten gleich die Schüsse fallen. Costas hielt sich ein wenig hinter Helena, trotz des prickelnden Gefühls im Rücken, das ihn gegen seinen Willen zwang, die Schultern zur Brust vorzuwölben, als wolle er in sich hineinkriechen.
Er warf einen flüchtigen Blick über die Schulter zurück;

die Soldaten standen, auf ihre Gewehre gestützt, und blickten ihnen nach.

Mit einem langen Schritt war Costas an Helenas Seite, Er lachte. Nun rannten sie, obgleich die Gefahr längst vorüber war, rannten, bis sie außer Atem waren und stehenbleiben mußten, am Luft zu schöpfen. Sie hatten die Wiese hinter sich gelassen und befanden sich auf einer breiteren Straße, die am Saum eines Waldes entlangführte, Gott weiß, wohin.

Sie faßten sich bei den Händen und gingen auf dieser Straße weiter – ohne Ziel, nur fort von Feres und dem Priesterhaus und dem jungen Leutnant und all dem, was nun Vergangenheit war.

Dies war ein Traum: Die unbekannte Straße und das unbekannte Ende dieser Straße; der leinene Rock, der Helena um die Knöchel schlug, und das Hemd, das über der Brust spannte und unter den Achseln zwickte; der Verräter Costas Chalkidis, an dessen Seite sie sich hielt; sogar sie selbst, Helena Zachanidis, war unwirklich, ein Schemen, der nur noch den Namen jenes Mädchens trug, das vor wenigen Wochen erst im Lager der Partisanen gehungert und gefroren hatte. Es ist müßig, über Träume zu grübeln, darum vermied Helena jeden Gedanken an das Jetzt und Später – geduldig setzte sie Fuß vor Fuß; ihre Augen und Ohren nahmen auf, was ringsum vor sich ging, aber das drang nicht bis ins Bewußtsein vor.

Einmal rasteten sie, es mochten zwei Stunden seit ihrem Aufbruch von Feres vergangen sein. Sie waren tiefer in den Wald eingedrungen, wo üppige Farne wucherten und von den Ästen fingerdicke Ranken wilden Weins herabhingen.

Costas und Helena legten sich unter eine Korkeiche, zwischen deren Wurzelwerk vorjähriges Laub moderte; es war warm und feucht und hauchte den strengen Geruch von Verwesung aus.

Costas wischte sich mit einem Grasbüschel den Staub von den Füßen. Er tat das sehr gründlich, aber schließlich mußte er doch etwas sagen.

„Wohin sollen wir nun gehen?"
Diese nackte Frage nahm dem Versuch einer Selbsttäuschung jeden Sinn und zwang Helena zum Nachdenken. Sie sagte: „Ich kenne diese Gegend nicht. Aber ich denke, Alexandrupolis kann nicht gar so weit sein – hundert Kilometer vielleicht ..."
Natürlich war dieser Vorschlag lächerlich, und der Junge ging mit knappem Kopfschütteln darüber hinweg. „Aber ans Meer möchte ich schon –"
„Ja ..."
„Wir wissen nicht, wo die Faschisten sind und wo –" er stockte, „– die Unseren."
„Ich weiß es auch nicht."
Er schrie: „Zum Teufel, irgendwohin müssen wir doch gehen! Wir können nicht ewig hier herumhocken!"
„Nein, das können wir nicht."
Er bat: „Sei doch nicht so schrecklich gleichgültig gegen alles, Helena! Einmal müssen wir wieder anfangen ..." Er küßte das Mädchen wild und knabenhaft.
Sie sagte: „Laß uns weitergehen. Griechenland ist groß. Es gibt so viele Städte, in denen uns niemand kennt. Wir können unterwegs noch immer überlegen, nicht wahr?"
„Das können wir ..."
Helena und Costas wanderten bis zum Abend auf der fremden Straße, sie umgingen in weitem Bogen die Dörfer am Wege, ab und an begegneten sie einem Bauern mit seinem Esel, der vor einem klapprigen Wägelchen trabte; erspähten sie in der Ferne khakibraune Uniformen, so verbargen sie sich im Dickicht; als die Dämmerung sank, wußten sie noch nicht, wo sie in dieser Nacht schlafen, wo sie essen konnten und wo sie sich überhaupt befanden.
Trotz ihrer Ermattung wanderten sie weiter, immer weiter; es verfolgte sie niemand, aber sie bangten beide, obgleich sie es sich nicht eingestanden, vor der Ruhe und dem Alleinsein.
Solange sich ihre Füße vorwärtsbewegten, solange sie Augen und Ohren offenhalten mußten und der Wechsel in

den Bildern der vorüberziehenden Landschaft sie ablenkte, brauchten sie nicht miteinander zu sprechen – wie aber, wenn Stille und Dunkelheit um sie wären?
Nun war es Nacht geworden. Ein roter Mond kroch über den Waldsaum, und im Gebüsch taumelten dicke, graue Nachtfalter.
Der Weg gabelte sich, links und rechts streckten sich die bleichen Arme zweier Straßen.
„Ich kann nicht mehr. Ich bin so müde“, klagte Helena.
„Wir müssen hier rasten“, sagte der Junge bedrückt. „Morgen früh –“
„Nichts wird morgen früh sein ... Es ist alles so sinnlos. Wir gehen und gehen und wissen nicht wohin –“ Sie wies auf die zwei Wege rechts und links. „Manchmal ist mir, als müßten wir unser ganzes Leben lang so weiterwandern – ohne Ziel, ohne Zweck, ohne Ruhe – ach, Costas ...“
Er sagte hastig: „Ich suche einen Unterschlupf. Warte auf mich. Vielleicht ist eine Feldscheune in der Nähe.“ Er schlug den linken Weg ein, ohne eine Antwort abzuwarten.
Helena sah ihm nach, wie seine Gestalt mit jedem Schritt kleiner und kleiner wurde, ein bewegliches schwarzes Pünktchen auf dem mondbeschienenen Band, und endlich in der Ferne mit den Baumschatten verschmolz. Sie wünschte, er möge nicht zurückkommen, und sie sehnte sich zugleich nach seiner Gegenwart, weil sie ohne ihn ihren Gedanken ausgeliefert war: Was mochte Tadschidis zu dieser Stunde tun? Vielleicht lagen die anderen jetzt im Schützengraben und schliefen, und die Wachposten patrouillierten, und Tadschidis saß bei einem Kerzenstümpfchen über ein Buch oder einen Plan gebeugt ... Vielleicht auch unternahmen sie jetzt eben einen Nachtangriff, Tadschidis jagte seinen Leuten voran über das Feld, warf sich nieder, schoß. Leuchtraketen zuckten am Himmel auf, und der Tod hielt Ernte.
Wie viele der Kameraden mochten zu dieser Stunde sterben? Aber sie, Helena Zachanidis, war ja in Sicherheit –

hier fiel kein Schuß und klang kein Schrei, und bald würde Costas zurückkommen, sie würden in einer Feldscheune schlafen und im Morgengrauen weiterziehen, einem Leben in Frieden und Geborgenheit entgegen. Eigentlich war das doch so einfach: Arbeit, ein Weinberg vielleicht, ein paar Felder; eine Küche mit dem vertrauten Geruch von Hammelfett und Herdrauch bei Tage; in der Nacht Costas an ihrer Seite, seine wilden knabenhaften Küsse auf ihren Lippen; später dann Kinder, die in der Woche zur Schule gingen und sonntags in die Kirche, sie werden ‚Mutter' zu Helena sagen, und sie wird ihnen Märchen erzählen; vielleicht wird sie ihnen auch jene Geschichte von dem Jungen und dem Mädchen erzählen, die im Schützengraben lagen und auf den Schlachtfeldern schossen und Kameraden hatten – ach, Freunde sogar: einen großen Mann mit schwarzen Brauen, wißt ihr, und einer Narbe am Mund, er schien immer zu lächeln, dabei war er ein strenger Mann – und doch verließen der Junge und das Mädchen dies alles, weil sie sich liebten und leben wollten, das versteht ihr doch, nicht wahr?
Es wäre gut zu sterben, dachte das Mädchen. Arbeit, Kinder, Frieden ... Tadschidis wartet auf uns, er muß doch warten, gewiß denkt er bei Tag und Nacht an uns und sorgt sich und trauert, weil er uns für verloren halten muß. Und wir sind ja verloren, Herrgott!
Helena erhob sich. Es bedurfte nur weniger Schritte, dann konnte sie im Walde untertauchen. Später würde Costas hier stehen und den Platz, wo sie gesessen hatte, leer finden ...
Sie versuchte sich seine Augen vorzustellen, wie sie Ratlosigkeit, Erschrecken, Verzweiflung widerspiegelten. Und dann entsann sie sich, wie er am Morgen, als sie jenseits des Grabens gewesen, einen Schritt hinter ihr gegangen war, um sie zu schützen.
Darum konnte sie ihn jetzt doch nicht verlassen.
Costas hatte bei seiner Suche Erfolg, und als er sich eine knappe Stunde später wieder einfand, konnte er berichten, er habe eine verlassene Wärterbude in einem nicht

allzu weit entfernten Melonenfeld entdeckt. Sie beschlossen, dort die Nacht zuzubringen.

Die winzige Hütte neigte sich bedrohlich der Erde zu, in den Wänden fehlten einzelne Latten, und die Tür hing nur noch in einer Angel. Costas zog seinen Kittel aus und breitete ihn über den nackten Boden.

„Leg dich hin, Helena, schlaf – das hilft über den Hunger weg. Daß die Melonen noch nicht reif sind –“

Das Mädchen lag, die Arme im Nacken verschränkt, und blinzelte zum Strohdach hinauf, in dem ein handbreiter Riß klaffte und ein Stückchen Himmel freigab mit einem zuckenden Stern darin.

Mit einer Kopfbewegung deutete sie auf diesen Stern. „Er sieht aus wie eine Leuchtkugel ... Weißt du noch, wie die von drüben ganze Lichterketten hinaufschossen, sobald es dunkel geworden war? Sie hatten immer Angst vor Nachtangriffen –“

„Denk doch nicht mehr daran“, bat der Junge.

Unbeirrt fuhr Helena fort: „Ich glaube, sogar die Soldaten, die uns heute früh bis vor das Dorf brachten, fürchteten sich ein bißchen vor uns. Hast du gemerkt, daß sie ihre Gewehre während des ganzen Weges griffbereit hielten? Das ist einfach zum Lachen – wir waren ja gar nicht bewaffnet. Aber sie haben schlechte Erfahrungen mit unseren Leuten gemacht.“

Costas faltete mit ergebener Miene die Hände. Er mußte Geduld haben, heute und ein paar Wochen noch, bis sie das vergessen hatte und nicht mehr mit solcher Hartnäkkigkeit ihren Erinnerungen nachhing.

„Warum sie uns wohl freigelassen haben?“ fragte das Mädchen nachdenklich. „Sie haben uns laufenlassen – ohne Verhör – einfach so –“

Costas preßte die Lippen zusammen. Er fröstelte in der lauen Nachtluft, die durch die Ritzen der Bretterwände strich.

Das Mädchen richtete sich auf. „Warum sagst du nichts?“

Costas hatte ihr den Rücken zugewandt.
„Costas!“ rief das Mädchen. Er ließ den Kopf auf die Brust sinken.
Helena starrte auf den Nacken des Jungen. Sie flüsterte: „Er hat doch gedroht, er würde mich zu Tode peitschen lassen, wenn wir nicht aussagen ... Und dann hat er mich nicht ein einziges Mal mehr gefragt ... Und du bist bei ihm gewesen –“
Die linke Hand des Jungen, die bisher unbeweglich auf seinem Knie gelegen hatte, begann zu zittern. Zu spät schloß er die Finger zur Faust –, das Zittern war Helena nicht entgangen; in Sekundenschnelle reihten sich die Folgerungen aneinander. Lücke um Lücke schloß sich, und es bedurfte keiner Frage mehr, um das Bild der Geschehnisse in Feres abzurunden.
„Du hast uns verraten“, sagte Helena.
„*Uns* verraten ...“ Die Erkenntnis, daß Helena sich noch immer zu jenen anderen zählte, löste zunächst nur ratloses Erstaunen bei Costas aus, das dann unvermittelt umschlug in Schreck und Wut und die verzweifelte Bereitschaft, zu lügen um jeden Preis. Er sprang auf. „Nein!“ rief er. „Nein!“
Vor ihrem Blick wich er zürück bis an die Wnad.
„Warum lügst du?“ fragte Helena leise. „Alles trifft zusammen: die Verhöre, die Entlassung –“
Nun war Leugnen sinnlos geworden.
„Ja, Helena“, sagte der Junge. Er packte ihre Handgelenke – sie hatte einen Schritt rückwärts getan, zur Tür hin. Er rief schrill: „Du mußt das doch verstehen, Helena! Hätte ich mitansehen sollen, wie er dich zu Tode foltert? Es war doch gleichgültig –, wir hatten A gesagt, darum mußten wir auch B sagen –, das begreifst du doch, Helena –?“
Helena riß sich los und stürzte zur Tür. Er wollte ihr nach, stolperte und krallte sich im Fallen in ihrem Rocksaum fest. „Wo willst du hin, Helena? Du mußt bei mir bleiben – ich liebe dich – ich kann ohne dich nicht mehr leben – bitte, bleib doch!“

Sie zerrte an ihrem Rock, um sich zu befreien. „Ich muß zurück, Costas, ich muß sie warnen! Mein Gott, und sie haben uns vertraut! Laß mich los, du!“
Costas war auf die Füße gekommen, er umfaßte Helena und drückte ihr die Arme an den Leib. Er sagte kalt: „Ich lasse dich nicht fort. Mir ist jetzt schon alles gleich. Ich bringe dich eher um –!“
Sie wand sich in seinen Armen, es gelang ihr, eine Hand frei zu bekommen, und sie schlug ihn ins Gesicht.
Er wurde kalkweiß. „Das ist nun der Lohn: Du schlägst mich ... Und ich habe dich mehr geliebt als mein eigenes Leben, ich habe alles für dich getan, ich habe dich retten wollen – für dich bin ich zum Verräter geworden –“ Er brüllte: „Denkst du, ich habe kein Gewissen? Denkst du, ich habe mich nicht immer und immer wieder gequält und wachgelegen und gegrübelt und mich geschämt? Wie ich Tanassis habe sterben sehen, da hat sich mir das Herz im Leibe umgedreht – aber du siehst nur dich und deine Sorgen und dein Gewissen –!“
Er verstummte. Das Mädchen wehrte sich nicht mehr. Er klagte: „Ich könnte mich totschlagen lassen für dich, und du kannst nicht einmal für mich leben ...“
„Nicht so“, sagte sie. „Das ist kein Leben, Costas ... Ich muß zu ihnen gehen –!“ Das war endgültig, und der Junge duldete schweigend, daß Helena sich abkehrte und die Hütte verließ.
Die Tür klappte. Costas stierte auf die morschen Bretter, die von dem Stoß leise nachschwangen. Er lauschte. Sie mußte doch wiederkommen, so konnte sie ihn nicht von einer Minute zur anderen aus ihrem Leben streichen!
Er griff sich an den Kopf, seine Stirn glühte. Er war immer gesund gewesen an Körper und Geist, niemals hatte er seine fröhliche Zuversicht eingebüßt –, jetzt dachte er, so wie ihm müsse einem Menschen zumute sein, der verrückt wird.
Costas stieß die Tür auf und hetzte über das Melonenfeld. Helena hatte schon den Waldrand erreicht. Mit ein

paar langen Sprüngen hatte er sie eingeholt, und ohne einen Laut fiel er über sie her, mit beiden Händen ihren Hals umklammernd.
In Todesangst trat Helena um sich, sie stürzten und wälzten sich keuchend im Gras. Helena rang nach Atem. Immer enger schnürten ihr die Hände des Jungen die Kehle zu. Sie sah sein verzerrtes Gesicht und wußte, daß es um das Letzte ging.
Ihr Hemd zerriß über der Schulter. Der Junge hatte sie auf den Rücken geworfen und kniete auf ihrer Brust. Ihr war, als müßten ihre Lungen bersten, vor ihren Augen kreisten in rasendem Wirbel rote Feuerräder, plötzlich flammte in ihrem Hirn grellweißes Licht auf, und ihr Kopf fiel haltlos zur Seite.
Costas lockerte den Würgegriff.
Der erste Atemzug war eine fast unerträgliche Qual. Mit einer letzten ungeheuren Anspannung aller Kräfte tastete sie nach ihrem Messer, fand es und stieß blindlings zu.
Costas sank zurück. Er hatte nicht aufgeschrien, nicht gestöhnt, aber als Helena sich mit Anstrengung aufrichtete, sah sie auf seiner Brust einen rasch wachsenden dunklen Fleck.
Sie atmete tief, der Schmerz der ersten reinen Luftzüge schien ihr Hals und Lungen zu zerreißen.
Sie beugte sich über Costas. Er lag auf dem Rücken, seine Augen standen weit offen, und seine Brust hob und senkte sich. Er lebt, dachte Helena in einem wunderlichen Ineinander von Dankbarkeit und Schreck.
Da sagte der Junge ganz klar, jede Silbe scharf von der anderen abgetrennt: „Geh, Helena. Laß mich hier. Es ist nicht schlimm. Aber die anderen warten. Und sie wissen von nichts."
Das Mädchen schüttelte den Kopf. Sie wollte bei ihm niederknien, da winkte er ungeduldig ab. „Geh jetzt! Sie müssen sich vorbereiten. Der in Feres kennt unsere Stellung –!" Er schluckte. „Ich – komme später."
Sie nahmen Abschied. –

Helena ging die Straße zurück, die sie vor wenigen Stunden gekommen. Sie mußte sich noch einmal umsehen nach der verkrümmten schwarzen Gestalt am Wegrand, aber dann lief sie, so schnell ihre Füße sie trugen, und je weiter sie sich von Costas entfernte, desto mehr ergriffen wieder Tadschidis und die anderen Besitz von ihr; der Auftrag trieb sie vorwärts trotz ihrer Ermüdung, trotz ihrer zerschundenen Füße und trotz des Verwundeten an jenem Wegrand.
Als sich im Osten ein dünner Silberstreifen zeigte, befand sich Helena in der Nähe von Feres.
Als der Horizont erglühte und die ersten Strahlen der aufgehenden Sonne die Baumwipfel röteten, erreichte Helena die Stellungen ihrer Einheit.
Sie erkannte die Stimme des Postens. „Genosse Kephanos!“ rief sie. Er trat vor und betrachtete sie ungläubig; als sie sagte: „Ich bin wieder da.“
Kephanos reichte ihr die Hand, er lächelte. „Und wir hatten euch schon aufgegeben.“ Er stockte, dann sagte er leiser: „Tanassis und Sikas haben wir gefunden –“
Helena schluckte. „Ich muß zu Tadschidis.“
„Du weißt den Weg.“
Sie nickte. Sie kannte den Weg. Kephanos hatte sie nicht gefragt, wo sie so lange gewesen, er war ohne Argwohn, jetzt ließ er sie sogar allein durch die Stellung streifen. Aber Tadschidis konnte man nicht belügen. Das Herz schlug ihr bis zum Halse, als sie in seine Hütte trat.
Tadschidis saß auf einer Proviantkiste, dem Eingang gegenüber. Er starrte das Mädchen an wie eine Erscheinung; sein Gesicht wechselte die Farbe, selbst seine Kalmückenaugen schienen noch schwärzer zu werden vor Erregung.
Helena wartete. Tadschidis kam auf sie zu, beide Hände ihr entgegenstreckend.
„Nein“, sagte Helena.
Seine Hände fielen herab, nun erst bemerkte er ihr aufgerissenes Hemd, den knöchellangen Rock. „Du trägst keine Uniform –“

„Stawros!“ rief das Mädchen.
Er winkte ihr. „Setz dich! Erzähle!“ Sie blieb stehen und berichtete, klar und ohne Umschweife, und Tadschidis unterbrach sie nicht. Er malte mit der Stiefelspitze im Sand und wirkte ganz unbeteiligt, aber er hielt den Kopf tief gebeugt, so daß sie sein Gesicht nicht erkennen konnte.
Als Helena ihren Bericht beendet hatte, selbst erstaunt über die kühle Unpersönlichkeit ihrer Stimme, sagte der Kommandeur: „Wir werden dich heute vor Gericht stellen. Die Einheit soll entscheiden.“
Nun blickte er zum ersten Male auf. Helena hatte Zorn erwartet oder Enttäuschung, aber der Mann schien gefaßt, er ging auch sehr gerade, als er die Hütte verließ, und Helena konnte nur ahnen, was diese Beherrschung ihn kostete.
Sie blieb bis zum Mittag in der Hütte, nicht einmal die Hände wurden ihr gefesselt – Tadschidis wußte ja, daß sie nicht entfliehen würde.
Mittags führte er sie vor das Gericht der Partisanen. Sechs von der Einheit gewählte Genossen sollten das Urteil fällen.
Helena brauchte ihre Erzählung nicht zu wiederholen, und sie war Tadschidis dankbar dafür.
Der Kommandeur fragte sie, ob sie sich schuldig bekenne.
„Ja, schuldig!“ sagte sie.
Die sechs richteten ohne Haß.
Helena blieb während der Verhandlung so unbeteiligt, als seien die Person und ihr Vergehen, über welche die sechs berieten, ihr fremd. Vier Partisanen waren für Todesstrafe, einer beantragte ihren Ausschluß aus der Einheit. Tadschidis hatte sich noch nicht ein einziges Mal zum Wort gemeldet.
Helena zuckte zusammen, als endlich der Kommandeur die Hand hob und zu reden begann. Er sprach über Helena hinweg, er hätte nicht sachlicher sein können, wenn es sich um eine Fremde gehandelt hätte, und keiner der

sechs anderen, Helena eingeschlossen, merkte, daß Stawros Tadschidis kühl und überlegt seinen Grundsätzen untreu wurde, mit wenigen Worten seine Überzeugung verriet und sich bewußt der Ungerechtigkeit schuldig machte.
Er führte aus, daß Helcna Zachanidis zu den tapfersten Partisanen gehört und jederzeit sich nach besten Kräften für die Armee eingesetzt habe. Sie sei auch nicht aktiv an dem Verrat beteiligt gewesen, sei vielmehr Opfer einer für jeden fühlenden Menschen verständlichen Schwäche geworden. Zudem sei sie freiwillig zurückgekehrt und habe sich dem Gericht gestellt. Aus allen diesen Gründen und mit Rücksicht auf die Jugend des Mädchens stelle er den Antrag, sie aus der Einheit auszustoßen als unzuverlässig und wortbrüchig.
Seine eindringliche Rede verfehlte ihre Wirkung nicht.
Nach einer kurzen Beratung wurde abgestimmt, und auf die Frage, wer für Ausschluß sei, erhoben sich fünf Hände.
Allein Kephanos, der am Morgen Helena als erster begrüßt hatte, stimmte für Todesstrafe.

Der Kommandeur führte Helena durch die Stellung zurück. Das Mädchen war noch betäubt durch die Wendung der Dinge, sie war ganz sicher gewesen, daß man sie erschießen würde.
Sie durchquerten das Maisfeld, durch das die vier vom Sprengtrupp damals ihren Weg genommen hatten. Es war, als seien viele Jahre vergangen seit jenem Tag.
Endlich brach Helena das bedrückende Schweigen. „Warum hast du dich für mich eingesetzt?“ fragte sie bitter. „Glaubst du, du hast mir damit einen Gefallen getan?“
Tadschidis sagte streng: „Ich habe geurteilt, wie ich es für gut und richtig hielt. Du hast dich zu fügen.“ Er schämte sich nicht einmal seiner Lüge.
Sie stiegen den Hügel hinab. Tadschidis deutete über das Land hin. „Geh und laß dich hier nicht wieder blicken,

Helena. Griechenland ist groß, und nur dieser eine Ort ist dir verboten. Du hast auch noch deine Eltern –"
„Zu denen kann ich nicht zurück." Sie schrie: „Warum habt ihr mich nicht erschossen? Ausgestoßen mit Schimpf und Schande – das ist ja schlimmer als der Tod! Was soll ich nun machen? Ich will bei euch bleiben –!"
Tadschidis preßte die Fingernägel in die Handfläche. Er sagte hart: „Das Recht hast du verwirkt. Du hättest dir eher überlegen sollen, was du tust. Für Menschen wie dich ist kein Platz bei uns. Der Genosse Sikas – auch an seinem Tod bist du schuld, Helena! – hat dir gesagt, daß es nur das eine oder das andere gibt."
Ihre Erstarrung löste sich in Tränen, und Tadschidis legte sich unversehens ein sehr alter und müder Zug um den Mund. Sie bat glühend: „Nimm mich wieder auf! Ich will kämpfen wie noch nie, ich will an nichts anderes denken als an unsere Einheit – bitte, Stawros, verzeih mir dieses eine Mal noch!" Sie warf ihm die Arme um den Nacken, denn sie hatte die Wandlung in seinen Zügen wohl bemerkt, und sie sprach auf ihn ein, beschwörend, mit sich überschlagender Stimme:
„Wir haben geglaubt, wir könnten irgendwo in der Einsamkeit glücklich sein. Bis ganz zuletzt habe ich gehofft, ich könnte euch vergessen und den Krieg, aber wie ich dann von Costas hörte, daß ihr in Gefahr seid, da habe ich es nicht mehr ausgehalten. Du kannst mich doch jetzt nicht fortjagen – ich will ja alles wiedergutmachen, verstehst du das denn nicht, Stawros?"
„Doch, doch …" erwiderte er gequält. „Aber –" Er mußte den Blick abwenden von ihren bettelnden Augen, denn das Urteil der Einheit konnte nicht aufgehoben werden, und er war der Kommandeur und trug die Verantwortung. So sagte er trocken: „Du hast einmal versagt. Wir können dir nicht mehr vertrauen."
„Ja, dann …" sagte sie, und die tiefe Hoffnungslosigkeit ihrer Stimme schnitt dem Mann ins Herz. Sie ging mit schleppenden Schritten den Hügel hinab, so langsam, als erwarte sie noch immer, zurückgerufen zu werden.

Der Mann legte die Hand über die Augen. Die Sonne blendete, die Ebene leuchtete in harten Farben, die sich schattenlos voneinander abgrenzten, grün und weiß und darüber das Azurblau des Himmels.
Plötzlich war ihm, als habe er etwas Wichtiges vergessen, was er unbedingt noch dem Mädchen sagen mußte: daß er sie liebe, oder daß sie auch an anderer Stelle als in der Armee die Freiheit Griechenlands verteidigen könne oder auch nur, daß er immer an sie denken werde. Aber das war törichtes Zeug, und überhaupt war es zu spät.
Der Mann stieg den Hügel hinan, einmal mußte er verschnaufen, und er lächelte verächtlich: Er war noch keine fünfzig Jahre alt und prustete wie ein Achtzigjähriger bei dieser lächerlichen Steigung ...
Durch das Maisfeld kam ihm Kephanos entgegen, lebhaft winkend. Da gehörte Tadschidis wieder der Einheit, und die Jahre der Illegalität und des bewaffneten Kampfes waren mächtiger in ihm als die späte Neigung für das Mädchen aus Alexandrupolis.

Zwei Tage später stellte sich Costas im Lager ein. Er fieberte, sein Gesicht war schon das eines Toten.
Er meldete sich bei Tadschidis, er berichtete – es war nicht seine Stimme mehr, er suchte auch nicht nach Worten; irgendein Fremder sprach aus ihm, er selbst hatte keinen Willen mehr und keine Empfindungen. Er wehrte sich auch nicht, als Tadschidis ihm an die Kehle sprang. Der Mann hätte ihn umgebracht, wären andere nicht dazugekommen und hätten die beiden getrennt.
Am Nachmittag kam Tadschidis zu dem Jungen und setzte sich ihm gegenüber auf den Boden. Lange betrachtete er, ohne Haß nun, das zerstörte Antlitz des anderen, in dem die vom Fieber geweiteten Augen brannten. Er fragte: „Wer hat dich verwundet?“
Costas drehte den Kopf zur Wand.
Tadschidis wiederholte seine Frage nicht; er erinnerte sich der seltsamen bläulichen Flecke am Halse des Mädchens, und er konnte sich manches zusammenreimen.

Als er gegen Abend Chalkidis vor das Gericht brachte, sagte er: „Auf Verrat steht der Tod."
„Ich weiß." Der Junge ging vollkommen aufrecht, er blickte während der Verhandlung, die keine fünf Minuten in Anspruch nahm, dem Kommandeur starr ins Gesicht.
Der fragte: „Tod?"
Die anderen hoben die Arme. „Tod."
In der Nacht hörte Costas den Kommandeur weinen. Er sagte in das Dunkel hinein: „Du bist ja gar nicht schuld, Tadschidis."
Er hörte, wie der andere sich erhob und quer durch die Hütte auf ihn zukam. Schattenhaft nur sah er die Gestalt des Mannes, der sich über ihn beugte, als wolle er trotz der Finsternis die Züge des Jungen durchforschen. Dicht über dessen Kopf war die Stimme Stawros', der sagte: „Doch, Costas. – Warum fragst du nicht nach Helena?"
Der Junge lag ganz still. Der andere fuhr fort: „Wir haben sie ausgestoßen." Er hörte, wie Costas laut und rasch atmete, vor Erleichterung oder auch vor Schreck.
Tadschidis wartete auf eine Antwort. Nichts. Er tastete sich zu seinem Lager zurück. Er hatte schon aufgegeben zu warten, da sagte der Junge leise: „Wenn du mein Freund geworden wärest, Stawros ..."
Der Mann lag wie gelähmt. Diese bitterste Anklage traf ihn mitten ins Herz, und er wußte, daß nichts sie auslöschen konnte – nicht die Jahre des Kampfes, die hinter ihm lagen, und nicht die Opfer, die er in Zukunft noch bringen würde ...
Im Morgengrauen führten sie Costas in ein Olivenwäldchen.
Der Junge bat, und es war nun wieder etwas wie Gefühl in seiner Stimme: „Würdest du mir wohl die Hand geben, Stawros?"
Die drei Partisanen hoben ihre Karabiner. Ein erster Sonnenstrahl brach durch die Zweige und funkelte vergnügt auf den Läufen. Tadschidis drückte Costas die Hand, er

sagte: „Du hast mir einmal das Leben gerettet. Aber jetzt sind wir quitt.“
Und der Junge, wie er in das graue Gesicht des Mannes sah, verstand und nickte.
Der Mann trat zurück. Eine Maus raschelte im Gras, Tauperlen blitzten auf den graugrünen Seidenblättern der Ölbäume. Costas hätte gerne noch einmal die Sonne gesehen, er liebte die Sonne, aber jetzt war es zu spät, und er schloß die Augen.
Sein allerletzter Gedanke galt Helena.

Helena Zachanidis trieb sich noch tagelang in der Nähe der Stellung ihrer ehemaligen Einheit herum.
Sie ernährte sich von dem Brot, das sie in den umliegenden Dörfern stahl oder erbettelte. Tagsüber schlief sie in einer Scheune oder im Walde, nachts streifte sie unstet durch die Felder, schlich sich an das Lager der Partisanen heran und spähte nach den Männern und Frauen aus, die einst ihre Kameraden gewesen waren. Einmal kam sie der Stellung so nahe, daß sie in einiger Entfernung Tadschidis erkennen konnte, der auf einer kleinen Erhöhung stand, die Augen gegen die Sonne schützend, und prüfend das Gelände zu überblicken schien.
Sie wagte sich aus dem schützenden Gebüsch. Sie bemerkte, wie die erhobene Hand des Kommandeurs herabfiel, wie er sich heftig umdrehte und den Hügel hinablief, und sie war sich nicht sicher, ob er sie entdeckt hatte oder nicht.
Solange Helena durch das von Partisanen besetzte Gebiet vagabundierte – in Furcht und Hoffnung, jemand werde sie sehen, sie vielleicht gar heranrufen, ein paar Worte mit ihr sprechen –, solange ihre Füße ausschritten und Augen und Ohren beschäftigt waren, genoß sie das Gefühl des Nochdaseins, das gespannte Warten auf ein großes Ereignis, das ihrem unsteten Leben ein Ende machen und sie zu den Kameraden zurückführen würde.
Sobald sie sich aber in einem Getreidefeld oder auf einem Heuschober zum Schlafen niederlegte, kamen die

schwarzen Gedanken, und tiefe Niedergeschlagenheit nahm sie gefangen. Dann sah sie die Schatten der Nacht sich heben und die Sterne am Himmel verblassen, und sie kroch in ihrem Versteck in sich zusammen wie ein Tier, verfolgt und gefoltert von der Frage, warum sie sich denn eigentlich noch an dieses Leben klammerte …
Manchmal meinte sie, es wäre doch das beste, nun endlich Schluß zu machen, da sie selbst sich zum Ekel und Überdruß geworden war. Aber dann erinnerte sie sich der Athena Karajanis: wie die damals in der Schlucht gelegen hatte, die Schußwunde zwischen den strichschmalen Brauen, und das Blut über ihr seitwärts geneigtes Gesicht gerieselt und in dem blonden Haar versickert war. Überdeutlich drängte sich dieses Bild ihr auf, und es graute ihr vor der Sinnlosigkeit eines solchen Todes.
Oft träumte Helena von einer Heldentat, mit der sie sich die Gemeinschaft der anderen zurückerobern wollte, und sie malte sich aus, wie Tadschidis sie suchen, sie bei der Hand fassen und ins Lager zurückführen würde …
Einmal wanderte sie bis an die Grenze von Feres, saß im Mais an jenem Graben – das Wasser war unter der sengenden Hitze vollends versiegt – und erwog ernsthaft den Plan, sich bei dem Offizier zu melden, sich in sein Vertrauen einzuschleichen und eines Tages, wenn man sie im Dorf frei umhergehen ließ, das Haus des Priesters, in dem der Offizier wohnte, in die Luft zu sprengen – oder ein Munitionslager oder die Geschütze am Dorfrand …
Jedoch hielt dieser Plan einer kühlen Überlegung nicht stand. Wie lange mochte es dauern, bis der Leutnant ihr auch nur halbwegs vertraute – und um welchen Preis würde sie die Freiheit, in Feres herumstreichen zu dürfen, erkaufen müssen! Sie schüttelte sich bei der Vorstellung, die langen, bleichen Hände des jungen Mannes berührten ihren Körper und seine weibisch weichen, tiefroten Lippen küßten ihren Mund. Und sie hatte ja keine Zeit mehr! Sie wollte nicht Wochen um Wochen sich demütigen; das Warten rieb sie auf, und das Verlan-

gen nach den Menschen, die sie durch eigene Schuld verloren hatte, verdichtete sich zuzeiten zu einem stechenden Schmerz in der Brust.
Neben diesen Empfindungen und Wünschen blieb immer das Bild des Costas, das sie nicht verbannen konnte. Sie war nicht traurig oder zornig, wenn sie an den Jungen dachte, sie war jetzt eine Frau und hatte verstehen gelernt. Auch war sie sich dessen gewiß, daß Costas den Tod der Schande vorgezogen hatte, darum waren die Erinnerungen an das Gute und Schöne ihres Beisammenseins stärker. Sie sah die nächtlichen Lagerfeuer in den Bergen, sie hörte seine volle, warme, ein wenig heisere Stimme, und manchmal, des Nachts, spürte sie auf ihren Lippen seine wilden, knabenhaften Küsse.
Wenn sie mit offenen Augen ausgestreckt lag und in die blaue Luft träumte, die Schwalben zuckend wie schwarze Pfeile zerschnitten, dann konnte es geschehen, daß sie leise für sich jenes Lied summte: „Mawra pula charumena petate ..."
Aber sie weinte nie.

An einem glutheißen Nachmittag schlenderte Tadschidis am Ufer des seichten Flüßchens entlang, das sich unweit der Stellung durch die Wiesen wand.
Es war sehr still. Verloren zwitscherte ein Vogel, Sonnenkringel spielten auf dem Wasser, aus dem hier und da kleine Sandbänke ragten.
Man sollte baden ... Warum eigentlich nicht? Es war hier sicher, seit einer Woche hatten sich die Faschisten nicht gerührt, zudem war das Lager ganz nahe.
Weiß der Teufel, was die da drüben vorhatten! Das stark befestigte Feres hielt sich, die Partisanen konnten sich die Zähne daran ausbeißen ...
Schnaufend zog der Mann die Stiefel aus und tauchte die Füße in das lauwarme Wasser. Er schob die Mütze über die Augen und spuckte verdrossen in das kaum merkbar bewegte Flüßchen. Er war reizbar geworden in letzter Zeit, nervös und rascher aufbrausend als je, unzufrieden

mit sich und der Welt. Die Geschichte mit Costas und dem Mädchen hatte ihn mehr mitgenommen, als er sich eingestchen mochte. Und zu diesen lästigen und unfruchtbaren Grübeleien gesellte sich, weit schlimmer noch und aufreibender, die Sorge um die Einheit, um die Armee, um Griechenland ... Er hatte den Überblick nicht verloren und kannte nur zu gut die Lage an der Front. Es hatte keinen Zweck mehr, sich etwas vorzuspielen: Es ging zu Ende ...
Langsam, aber unaufhaltsam wurden die Partisanen zurückgedrängt, mit jeder Woche verloren sie an Boden, sie räumten eine Stadt nach der anderen, erdrückt von der Übermacht des Gegners, und zogen sich zurück, um – diese Bewegung war unverkennbar – die Berge zu gewinnen und die Grenze des benachbarten Albaniens.
Daß Feres sich noch immer frech behauptete! Es gab ab und zu eine Plänkelei, ein Feuergefecht zwischen Patrouillen, aber beide Seiten wichen einer Schlacht aus. Warum zum Teufel, saß er hier und zauderte und redete sich ein, er könne einen Angriff auf dieses verfluchte Drecknest nicht riskieren? Früher war er, waren die Partisanen alle anders gewesen – begeisterter, draufgängerischer, selbstbewußter ... Und heute, wenn er mit den Kommandeuren der beiden Einheiten in der Umgebung sprach, stieß er auf das gleiche Zögern, diese Unentschlossenheit, das Warten auf Befehle von einer höheren Stelle. Und Mißtrauen –, ja, das war es: Sie mißtrauten einander, sie hatten alle zuviel Verrat erleben müssen.
Tadschidis dachte bitter: Es ist nicht einmal die Übermacht, vor der wir uns fürchten. Die Unsicherheit lähmt uns, das Gefühl, daß unser Aufstand verfrüht war – Griechenland war ja noch gar nicht reif für eine solche Umwälzung ...
Niemals bisher war ihm dieser Gedanke so klar und einleuchtend gekommen; jetzt erst, da er trübe am Wasserlauf hockte und mit den nackten Zehen den Sand aufrührte, bedachte er dies, und es war schon ein Eingeständnis der Niederlage.

Er schrak auf: Es raschelte in dem Weidenstrauch zu seiner Rechten; er griff zur Pistole. „Wer da?"
Eine erbärmlich dünne Gestalt in verdreckten Lumpen zwängte sich durch das Gestrüpp. Dem Mann quollen die Augen aus den Höhlen: dieses schmale, bräunliche Gesicht, dieses strahlend schwarze Haar kannte er ... „Helena!"
Er hatte das Mädchen damals wohl gesehen, als er auf dem Hügel gestanden, aber er hatte nicht erwartet, daß sie es wagen würde, sich noch einmal vor ihm zu zeigen. Er war so überrascht, daß er zunächst keine Worte fand, sie fortzuweisen. Da stand sie schon neben ihm und sagte hastig: „Schick mich nicht weg. Hör mir zu, Tadschidis. Es ist wichtig –"
Das ist bloß ein Trick, dachte er, und dabei lauschte er ihrer Stimme, und es berührte ihn eigentümlich, seinen Namen von ihren Lippen zu hören. Er sagte kurz: „Warum treibst du dich hier herum? Spionierst du mir nach?"
Ein Schatten flog über ihr Gesicht.
Er knurrte verlegen: „Das reine Fleckfieber ..."
Helena setzte sich neben ihn in den Ufersand, sie sagte ohne Umschweife: „Morgen oder übermorgen kommt Verstärkung nach Feres. Dann ist es aus mit euch. Ihr müßt angreifen – heute noch, dann könnt ihr die nachrückenden Truppen getrennt schlagen –"
Stawros hob die Hand. „Halt mal, du! Woher weißt du das von der Verstärkung?"
Sie warf ungeduldig den Kopf zurück. „Das ist doch gleichgültig. Ich weiß es eben!"
„Wenn du mich belügst?"
Sie fuhr auf, ihre Wangen brannten. Er winkte ab. „Also gut, angenommen, es ist so, wie du sagst –"
„Du mußt mir glauben, Stawros!" rief das Mädchen. „Ich schwöre dir: Es ist die reine Wahrheit."
„Bilde dir nur nicht ein, daß du wieder aufgenommen wirst, weil du uns eine Nachricht gebracht hast."
Sie blickte zu Boden, in ihren Augen zitterten zwei Trä-

nen. Dann schüttelte sie stumm und heftig den Kopf.
In Nachdenken versunken, quirlte der Mann mit den Füßen das Wasser auf. Die Sonnenflecke zitterten und sprühten in zahllosen goldenen Fünkchen.
Helena hatte sich gefaßt, sie redete schnell und überzeugend auf den Mann ein: „Was glaubst du denn, warum sie noch nicht angegriffen haben, obwohl sie alles von euch wissen: Stärke und Stellung und Verbindungen zu anderen Einheiten? Weil sie auf ihre Verstärkung warten – dann ist es kein Kunststück mehr, euch fertigzumachen. Jetzt riskieren sie noch eine Menge dabei, das ist doch klar!"
Der Mann hatte den Kopf erhoben und betrachtete aufmerksam das Mädchen. Dessen Gesicht war magerer geworden, länger und in den Konturen schärfer, ein Knabengesicht. „Das klingt ganz einleuchtend ... Wir sollten es wagen ... Übrigens: Ich bin ein Esel."
Ein Lächeln blitzte um den Mund des Mädchens auf – wie ein Windstoß die stille Fläche eines Sees kräuselt.
Der Mann sagte schwerfällig: „Ich danke dir auch – für die Mitteilung." Und streng: „Ich hoffe, du weißt es zu würdigen, daß ich dir wieder Vertrauen schenke."
Helena nickte.
Sie standen auf, Tadschidis zog seine Stiefel an. Dabei fiel sein Blick auf die nackten, zerschundenen, von Staub grauen Füße des Mädchens, und das Herz zog sich ihm vor Mitleid zusammen. Darum sagte er böse: „Du läufst herum wie eine Landstreicherin."
Helena drehte das schamrote Gesicht zur Seite, sie brach eine Weidengerte ab und malte im Ufersand, um ihre Verlegenheit zu verbergen.
Da hast du wieder eine hübsche Gemeinheit gesagt, dachte der Mann, und er versuchte, seiner Stimme einen Ton spöttischer Überlegenheit zu geben, als er fragte: „Hör mal, du bist doch so gut unterrichtet, du kannst so scharfsinnig folgern – was meinst du zur Frontlage?"
Helena warf die Weidengerte ins Wasser, die schaukelnd langsam abwärts trieb. Blitzschnell stieg in dem Mädchen

das Bild jenes Abends in den Bergen auf, als sie mit Tadschidis am Lagerfeuer gesessen. Da hatte er zu ihr von seinen düsteren Befürchtungen gesprochen. Deshalb verübelte sie ihm jetzt nicht seinen Spott; die kaum spürbare Unsicherheit, die in seiner Frage mitschwang, bewies ihr, daß er eine Aussprache suchte, ihr seine Gedanken anvertrauen wollte, die er vor anderen nicht laut werden lassen durfte.

Sie sagte einfach: „Es steht nicht gut, Stawros. Man hört so allerlei –“ hier konnte der Mann sich ein Lächeln nicht verbeißen, „– und man kann Angst bekommen. Vielleicht ist Griechenland noch nicht so weit, verstehst du; es stehen nicht alle Menschen hinter uns –.“

Er nickte verblüfft. Sie sprach aus, was er vorhin gedacht hatte. Dennoch sagte er: „Noch ist nicht alles verloren. Und wenn sie uns jetzt wirklich verjagen – wir kommen wieder ... Verlaß dich darauf, Helena: Wir kommen wieder!“

Sie wollte etwas erwidern, aber er schnitt ihr mit einer schroffen Handbewegung das Wort ab – es kam ihm zum Bewußtsein, daß er sich wieder einer groben Disziplinlosigkeit schuldig gemacht hatte. Daß ihm diesem Mädchen gegenüber doch immer wieder der Mund überlief! Sie ging ihn nichts mehr an, sie war ausgestoßen – und wenn sie mit tausend wichtigen Meldungen zu ihm käme, so hätte er noch kein Recht, sich mit ihr zu unterhalten wie mit den Leuten seiner Einheit.

„Also, dann –“ sagte er.

Helena rief: „Stawros, bitte –!“ Sie stand vor ihm, die Hände bittend erhoben; aus ihren Lumpen schimmerte die mattbraune Haut, der Jammer in ihren Zügen rührte den Mann. Er wußte ja schon, was sie wollte, und er mußte sein Ohr ihrer Bitte verschließen. Er ließ sie stehen.

Helena schaute die Trittspur seiner Stiefel entlang, über der sich das Gras schon wieder aufrichtete. Sie war ihm nicht böse, ein Mensch wie er konnte nicht anders handeln. Sie dachte an den kommenden Tag und an den Angriff auf Feres, aber sie fürchtete nichts für Tadschidis – sie meinte, ein Mensch wie er könne gar nicht sterben. Und schlüge man ihn tot – er müßte wiederauferstehen, von neuem seine Stimme und seinen Arm zu erheben für die Freiheit Griechenlands.

In der Nacht wurde an der Grenze von Feres ein faschistischer Wachposten durch einen Messerstich in den Rükken ermordet. Nur der Karabiner war ihm geraubt worden.
Im Morgengrauen begann der Angriff auf Feres, zu dem sich drei Partisanenabteilungen vereinigt hatten.
Während der Schlacht tauchte bei der Einheit, die der Kommandeur Waschilis führte, ein fremdes Mädchen auf. Während des Sturmes hatte niemand acht auf sie – sie war plötzlich da, ganz selbstverständlich; sie rannte und schoß und warf sich nieder wie die anderen; als endlich ein paar Männer auf sie aufmerksam wurden, machten sie kein Aufhebens von der Fremden, die sie ihrer Kleidung nach für ein Bauernmädchen hielten, und meinten, der Kommandeur werde schon Bescheid wissen.
Später erzählten einige Partisanen, das Mädchen habe sich durch hohe Tapferkeit und wahre Todesverachtung ausgezeichnet.
Am Abend war Feres in der Hand der Volksbefreiungsarmee. Es sollte einer der letzten größeren Erfolge der Partisanen sein.

Gegen Morgen des darauffolgenden Tages zogen sich schwarze Wolken am Himmel zusammen, es begann zu regnen. Die dürre, gerissene Erde trank gierig den gleichmäßig strömenden Regen. Der Staub auf den Wegen verwandelte sich in zähen Brei, die Felder dufteten.
Eine Patrouille fand nahe bei Feres, am Rande eines Grabens, der wieder gurgelndes Wasser führte, ein Mädchen im Maisfeld. Sie hatte drei Schußwunden in Brust und Leib.

Sie lag in einer Wasserlache. Das lange schwarze Haar troff, und die feuchten Kleider klebten an ihrem Körper. Der Regen rann in ihren halboffenen Mund.
„Ein schönes Mädchen", sagte einer der Männer, die die Tote betrachteten. „Warum sie sich hierher geschleppt hat? Wer ist sie?"
Einer erinnerte sich, das Mädchen bei der Einheit des Kommandeurs Waschilis gesehen zu haben.
Niemand kannte das Mädchen.
So wurde sie zusammen mit anderen gefallenen Partisanen ehrenvoll bestattet.

Die von den Interpunktionsregeln abweichende Zeichensetzung erfolgte auf Wunsch der Autorin.

Nachbemerkungen

„Übrigens habe ich einen tollen Stoff für einen Roman, an den ich mich vorläufig freilich noch nicht heranwage. Im Betrieb meines Mannes arbeitet seit einiger Zeit ein Grieche, ehemaliger Partisan, mit dem haben wir uns befreundet. Das ist noch nicht einmal das richtige Wort; vielmehr ist er uns ein Bruder, wir haben vom ersten Tage an schon unser Herz an ihn verloren. Das ist ein Mensch, Du! Wenn man ihn erzählen hört, gehen einem die Augen über. Es geht fast über das menschliche Begreifen, was dieser junge Bursche – er ist auch erst einundzwanzig – schon erlebt hat, und dabei ist er so heiter, so ausgeglichen und übt in jeder Beziehung auf uns einen guten Einfluß aus. Am tiefsten hat mich das Schicksal seiner Schwester Maria erschüttert. Das zu gestalten muß eine große, herrliche und unendliche schwere Aufgabe sein."

So schrieb Brigitte Reimann in einem Brief vom 10. Mai 1955. Sie war zweiundzwanzig Jahre alt, und sie arbeitete wie besessen, oft an mehreren Projekten gleichzeitig, veröffentlichte Geschichten in Zeitungen und Leseheften. Sie bemühte sich um literarische Qualität. Es kam vor, daß sie ihre eigenen Arbeiten noch vor einer geplanten Veröffentlichung verwarf und wieder zurückzog; was nicht ausschloß, daß sie jeder neuen Idee voll Leidenschaft anhing und ihre Anschauungen mit großer Ehrlichkeit verteidigte. Sie liebte ihre literarischen Figuren und deren Vorbilder, lebte in fremden Schicksalen, den realen und den erdachten.

Mit dem griechischen Arbeiter Christos Ziplakis, einem

Kollegen ihres Mannes, hatte Brigitte Reimann einen Menschen kennengelernt, der zur Verkörperung des Kommunisten wurde, wie ihn sich die Autorin vorstellte. Sie notierte, was er erzählte, versuchte, seine Sprache zu erlernen; sie erweiterte und vertiefte ihre Kenntnisse über griechische Geschichte. Das Schicksal von Christos und seiner Schwester Maria drängte sie zur Gestaltung. Es entstanden zwei kleine Erzählungen, „Waffen für Tanassis“ und „Der Tod der schönen Helena“, die im Vorfeld der „Kinder von Hellas“ veröffentlicht wurden.

Während Brigitte Reimann die Erzählung erarbeitete, regierte in Griechenland die Radikale Union unter Karamanlis, der die Politik der NATO unterstützte und die fortschrittlichen Kräfte unterdrückte. Noch immer galt das berüchtigte faschistische Gesetz 375, erlassen 1936, auf Grund dessen Kommunisten verfolgt und mit dem Tod bedroht wurden. Seit 1953 wurden den USA durch die damalige Regierung Papagos Militärstützpunkte auf griechischem Territorium zur Verfügung gestellt. Die griechischen Kommunisten arbeiteten in der Illegalität oder emigrierten, wenn ihnen nicht die Verbannung auf eine der Todesinseln auch diesen letzten Ausweg versperrte. Die Bürger der DDR nahmen am Kampf des griechischen Volkes großen Anteil. Noch waren die Folgen des Faschismus in Deutschland nicht bewältigt, da bedrohte erneut eine abenteuerliche Politik des Imperialismus den Frieden Europas. Viele Schriftsteller formulierten ihre Sorge darum und ihre Furcht vor der Möglichkeit eines neuen Krieges.

Für die Handlung ihrer Geschichte um die Familie Ziplakis wählte Brigitte Reimann den Zeitraum vom Sommer 1948 bis zum Sommer 1949. Griechenland war ein unterentwickeltes Land, durch Kämpfe und Kriege geschwächt, von fremden Mächten ausgebeutet. Zwischen 1935 und 1936 war es dem König gelungen, die Macht zu gewinnen und eine faschistische Diktatur zu installieren, die sich dem deutschen Nationalsozialismus verbunden fühlte. Das hielt die italienischen Faschisten nicht davon

ab, 1940 das Land zu überfallen. Das griechische Volk erhob sich und schlug die Okkupanten zurück. 1941 marschierten dann deutsche Truppen in Griechenland ein. Eine Marionettenregierung wurde gebildet. Der Widerstand formierte sich, es entstanden Partisaneneinheiten. Im Kampf gegen die Faschisten unterstützten britische Truppen diese Partisaneneinheiten, die sogar unter dem Befehl eines britischen Generals standen. Als jedoch die Volksmassen nach erfolgreicher Befreiung ihren Kampf um Fortschritt und Demokratie fortführen wollten, stellten sich ihnen die ehemaligen Verbündeten als Feinde entgegen, denn die Reaktionäre des Landes hatten sich schnell mit den Vertretern des ausländischen Kapitals geeinigt. Die Volksarmee wurde entwaffnet. Terror breitete sich aus. In den Jahren 1948 bis 1949 tobten erbitterte Kämpfe. Die griechische Regierung hatte die Trumandoktrin anerkannt und wurde in den Marshallplan einbezogen. Mit neuen Waffen, unterstützt von amerikanischem und britischem Militär, wüteten die regierungstreuen Truppen gegen die Reste der Demokratischen Armee, bis diese total vernichtet war.
Die Erzählung endet, bevor sich diese Niederlage vollzieht. Brigitte Reimann geht es nicht vordergründig um Sieg oder Niederlage. Sie gestaltet junge Menschen, die lachen und sich lieben, die jedoch mitten in einem blutigen Kampf stehen. In ihrer schlimmsten Zeit, in Hunger, Kälte und Krankheit, malt der Protagonist Costas seiner Helena eine „Insel der Seligen“ voller Licht und Wärme. Nach dem Willen der Autorin sind diese Träume von lebenserhaltender Kraft. Dabei läßt sie keinen Zweifel aufkommen, das Land Nirgendwo ist eine Utopie.
Mit der Gestaltung des Konfliktes hat es sich Brigitte Reimann nicht leicht gemacht. Am 30. Oktober 1955 schrieb sie: „Helena wird nicht, wie ursprünglich vorgesehen, Costas nach seinem Verrat ins Gesicht speien, sondern sie wird, aus tiefer Liebe zu ihm, ebenfalls zum Verräter und geht mit ihm, das heißt, der Konflikt wird völlig ausgetragen. Und das tragische Moment: Erst nach einer

Desertation muß Helena allmählich erkennen, welches Verbrechen sie beging ..."

Brigitte Reimann veröffentlichte ihre Erzählung „Kinder von Hellas" 1956, im selben Jahr wie ihr erstes Buch „Die Frau am Pranger", mit dem sie sogleich auf sich aufmerksam machte. „Kinder von Hellas" fand weniger Beachtung. Gewiß, die Geschichte hat gestalterische Mängel. Die Autorin nutzte einerseits Symbole der Sagen um den Trojanischen Krieg, ergänzte sie sogar mit Gleichnissen aus der Bibel, stützte sich andererseits aber auch auf Elemente der Wildwestabenteuerlichkeit, die dazu in einem eigentümlichen Gegensatz stehen. Das Pathos gerät so in die Nähe von Sentimentalität. Trotzdem, man spürt das erzählerische Talent der jungen Brigitte Reimann mit ihrer Stärke, frühzeitig Fragen zu artikulieren, auf die es erst im Verlaufe des Reifens der sozialistischen Gesellschaft Antworten geben konnte. Kühn fragt sie in den „Kindern von Hellas" nach dem Sinn menschlicher Opfer im Kampf der Klasse, nach dem Zusammenhang von Familien- und Landesgeschichte, nach der Verantwortung der Jugend für die Zukunft, und so erscheinen die „Kinder von Hellas" als eine wichtige Stufe auf ihrem – leider so früh abgebrochenen – Weg in die erste Reihe der Schriftsteller unseres Landes.

März 1988 Heide Hampel

E. R. Greulich

Des Kaisers Waisenknabe

Roman

2. Auflage · 360 Seiten · Ganzleinen 9,30 M

Wie lebt man als „des Kaisers Waisenknabe“? Man lebt im Paradies. So wörtlich darf man das allerdings nicht nehmen. Das Paradies ist eine genossenschaftliche Arbeitersiedlung am Rande Berlins, gegründet als Alternative zu Mietskaserne und Hinterhof. Schön ist es hier, doch ganz am Rande lebt man denn doch nicht. Der Krieg bricht aus, und der Kaiser schickt den Vater an die Front. Rudolf, fünf Jahre alt, bleibt mit Mama Hanni zurück, und wenn Vaters zweite Frau auch nicht die böse Stiefmutter aus dem Märchen ist, seine Probleme hat er schon mit ihr.
Voller Einfühlungsvermögen erzählt der Autor von einer Kindheit in schwerer Zeit.

Verlag Neues Leben
Berlin

Sturm über der Steppe

Oktoberrevolution und Bürgerkrieg in sowjetischen Erzählungen

Herausgegeben von Ursula Krause

Aus dem Russischen von mehreren Übersetzern
Illustriert von Rainer Schwalme
372 Seiten · Ganzleinen 14,80 M

Was eben noch wie ein Abenteuer begann, wird für Petja, Olga und die anderen jungen Helden aus zwölf Erzählungen zur ersten ernsthaften und zugleich härtesten Bewährungsprobe ihres Lebens. Der siebzehnjährige Petja will den Tod seines Vaters rächen, sprengt ein Munitionsdepot und sucht Unterschlupf bei einem Jäger in der Steppe, nicht ahnend, daß er direkt in die Fänge der weißgardistischen Mörder geraten ist …
Bewegende Schicksale von Jugendlichen in den schweren Anfangsjahren der Sowjetmacht schildert diese Anthologie.

Verlag Neues Leben
Berlin